Das Beste aus
Pott un Pann

von Heinz Holtgrefe

WESER KURIER

EDITION TEMMEN

Impressum

Die Deutsche Bibliothek – CIP-Einheitsaufnahme

Das Beste aus Pott un Pann / Heinz Holtgrefe.
- Bremen : Ed. Temmen, 2002
ISBN 3-86108-676-X

Herausgeber: Bremer Tageszeitungen AG

Text: Heinz Holtgrefe
Illustrationen: Andreas M. Alba

Layout: Katja Philipsenburg

© Edition Temmen
Hohenlohestr. 21 – 28209 Bremen
Tel.: 0421/34 84 3-0 – Fax: 0421/34 80 94
e-mail: info@edition-temmen.de

ISBN 3-86108-676-X

Inhalt

Auftakt

Die Frische macht's!

Die Qualität eines Essens hängt von den Zutaten ab

Gut essen ist »in« – und dies ganz besonders im Kreise von Freunden und Verwandten in den eigenen vier Wänden. Einen erheblichen Wandel haben die Kochkünste der Hausfrauen und gerade auch der kochbegeisterten Männer in den letzten Jahren durchgemacht. Das ist nicht zuletzt ein Verdienst der Eß- und Trinkzeitschriften, die mit appetitanregenden Fotos und immer neuen Rezepten zum Nachmachen anregen.

Ein Nachteil dieser Art zu kochen sind die auf Gramm und Messerspitze genau festgelegten Mengenangaben. Sie machen den Koch zum Sklaven des Rezepts. Aber genau an diesem Punkt beginnt die kreative Kocherei. Und dabei wollen wir Ihnen mit diesem Buch helfen. Nicht im sklavischen Nachmachen nämlich zeigt sich der Meister, sondern im schöpferischen, erfindungsreichen und improvisationsfreundlichen Kochen.

Wenn hier vom Kochen die Rede ist, so ist damit ausschließlich die Verarbeitung von frischen Produkten gemeint. Hand aufs Herz: Schmeckt nicht Spargel zur Saison viel, viel besser als aus der Büchse? Oder müssen es zu Weihnachten unbedingt Erdbeeren sein? Jedes zu seiner Zeit – dieses Prinzip sollte für jede Kocherei mit Ambitionen gelten!

Womit Tiefkühlprodukte oder Konserven nicht grundsätzlich abgewertet werden sollen, sparen sie doch der Hausfrau oder dem Hausmann eine ganze Menge Zeit. Für die »Alltagskocherei« ist das alles in Ordnung, denn kein vernünftiger Mensch wird sich jeden Tag nach der Arbeit stundenlang in die Küche stellen. Denn eines ist klar: Die Zubereitung aus Frischware benötigt mehr Zeit als das Warmmachen eines Doseninhaltes. Doch sollten Sie sich wenigstens ab und zu Zeit nehmen, wirklich frisch zu kochen – das Ergebnis wird für allen Zeitaufwand und alle Mühen mehr als entschädigen.

Noch ein Wort zur Qualität: Seien Sie wählerisch – nur die besten Zutaten gewährleisten auch ein gutes Essen. Wobei »die besten« nicht gleichbedeutend ist mit »die teuersten«. Und damit sind wir wieder bei der Frische. Schmecken ganz junge Möhren nicht unvergleichlich gut? Oder: Kann der vermeintlich »ordinäre« Schellfisch nicht auch eine Delikatesse sein? Voraussetzung ist allerdings, daß er nicht total zerkocht mit einem nach Senf schmeckenden Mehlpamps zugekleistert wird.

Bei einigen Zutaten sollten Sie allerdings bereit sein, etwas mehr Geld auszugeben. Beispiel Essig und Öl. Was nützt der knackigste und frischeste Salat, wenn er in billigem Öl und miesestem Essig getränkt wird? Probieren Sie einmal eine Salatsauce auf der Basis von kaltgepreßtem Olivenöl und Sherryessig oder aus Traubenkernöl und Champagneressig – die Liste ließe sich beliebig fortsetzen.

Was für Salatsaucen gilt, ist für Saucen zu Fleisch, Fisch, Wild und Geflügel genauso wichtig. Nur erstklassige Rohstoffe ergeben ein ebensolches Ergebnis. Dabei sind es in erster Linie Butter, Sahne und ein Saucenfond als Basis, die zusammen mit Gewürzen für eine schmackhafte Sauce sorgen.

Vorbereitung ist alles!

Mit guter Organisation läßt sich Streß in der Küche vermeiden

Wenn wir zu Hause Gäste haben, dann gibt es meist ein mehrgängiges Menü. Zum Beispiel einen Appetithappen vorweg, einen Salat, eine Suppe, Fisch, Fleisch, Käse, Dessert. Das sind immerhin sechs Speisen, die vorbereitet und gekocht sein wollen.

Organisation und Vorbereitung ist alles, dann wird auch das große Menü nicht zum Streß in der Küche. Wenn unsere Gäste kommen, dann ist alles, aber auch alles vorbereitet, was immer sich nur vorbereiten läßt. Alle Zutaten stehen portioniert am Herd bereit, so daß ich nur noch die »heiße Phase« einer Speise unmittelbar vor dem Servieren zu erledigen habe.

Nun behaupte ich nicht, diese Art zu kochen würde keine Arbeit machen. Arbeit macht sie auf jeden Fall; aber sie vermeidet, daß es drunter und drüber geht und man den Überblick verliert. In der Küchensprache wird die gezielte Vorbereitung »Mise en place« genannt und beschreibt das rechtzeitige Bereitstellen der Zutaten. In allen Profiküchen wird nach dieser Art gekocht. Wenn das Geschäft läuft, ist keine Zeit mehr, Kartoffeln zu schälen oder einen Fisch auszunehmen. Dann muß alles ruck, zuck gehen.

Ich möchte Sie deshalb animieren, auch einmal die Vorbereitung der Profiköche auszuprobieren. Am Anfang stehen die grobe Menüidee und der Einkauf. Wenn Sie die Beute nach Hause getragen haben, wird der Speiseplan exakt festgelegt. Die eine oder andere Zutat werden Sie nicht bekommen haben und mußten sie durch eine andere ersetzen. Macht die Hälfte.

Nun gilt es einen Arbeitsplan aufzustellen. Machen Sie das ruhig schriftlich. Die Dinge, die ruhen oder durchkühlen müssen, werden zuerst erledigt. Alles, was an keine bestimmte Zeit gebunden ist, wird im Laufe des Tages erledigt. Ich richte mir die Arbeit nach Möglichkeit so ein, daß ich vor Ankunft der Gäste noch ganz in Ruhe duschen und einen Vor-Apéritif mit meiner Frau nehmen kann.

Nun ein praktisches Beispiel. Vor ein paar Tagen gab es bei uns folgende Speisefolge: Windbeutel mit Thunfischmousse als Appetitanreger, einen Salat mit Vinaigrette und gebratenen Kalbsleberstreifen, eine Grünkernsuppe, Lachs- und Kohlrabiwürfel in sahniger Sauce, Rinderfilet mit Kaiserschoten und Kartoffelgratin, Käse und schließlich eine Kirschwassercreme mit Vanillesauce. So – und damit fangen Sie mal um sechs Uhr an, wenn um acht die Gäste kommen. Da wünsche ich viel Vergnügen!

Teil eins der Vorbereitung beginnt mit einem gut organisierten Einkauf. Ich liste mir zunächst alle benötigten Zutaten auf und sehe auch nach, ob alle Grundnahrungsmittel im Hause sind. Kaum etwas ist übler, als wenn Sie frische Nudeln zubereiten wollen, und dann fehlt auf einmal Mehl. Ich sortiere dann nach Gemüse, Fleisch, Fisch, Bäcker, Milchprodukte und sonstige Zutaten und mache mich mit dem endgültigen Einkaufszettel auf den Weg. Was bis zum Eintreffen der Gäste dann noch alles zu erledigen ist, das lesen Sie im nächsten Kapitel.

Immer ganz ruhig bleiben!

Ein sechsgängiges Menü – und dennoch geht alles gut von der Hand

Im letzten Kapital habe ich Ihnen von den Vorbereitungen in den Profiküchen erzählt. Wie dort nervenschonend gearbeitet wird und wie Sie diese Technik auch zu Hause anwenden können. Noch einmal das Menü: Mit Thunfischmousse gefüllte Windbeutel, Salat mit Vinaigrette und gebratenen Kalbsleberstreifen, Grünkernsuppe, gebratene Lachswürfel mit geschmortem Kohlrabi in einer sahnigen Sauce, Rinderfilet mit Kaiserschoten und Kartoffelgratin, Käse und schließlich eine Kirschwassercreme mit Vanillesauce.

Den Einkauf erledigte ich am Sonnabendvormittag nach meinem bestens vorbereiteten Einkaufszettel in aller Herrgottsfrühe – furchtbar für einen Langschläfer.

Dann ging es sofort los: Grünkern für die Suppe einweichen, alle Gemüse putzen, Brühe für die Suppe vorbereiten, Kalbsfond für die Sauce zum Filet herstellen, Fischfond für das Lachsgericht aufsetzen, alle Gemüse einzeln auf den Punkt genau garen und in Eiswasser abschrecken, Fleisch und Fisch sauber panieren bzw. entgräten, Salat waschen und putzen. Alle vorbereiteten Zutaten packe ich in kleine Schüsselchen und stelle kühl, was kühl gestellt werden muß. Und bums, ist es auch schon Mittag.

Und weiter im Text geht es: Der Brandteig für die Windbeutel wird zubereitet und kühl gestellt, die Thunfischmousse gemixt, Weine und Wasser kühl gestellt, Kartoffeln für das Gratin geschält, in Scheiben geschnitten, in die Form geschichtet, mit Ei-Sahne begossen, Butterflöckchen drauf, abgedeckt, Kühlschrank. Die Creme muß jetzt dringend zubereitet werden, damit ich sie noch abbinden kann, die Vanillesauce wird »gekocht«, kaltgeschlagen – fertig. Die Fonds sind passiert und stehen zur Verwendung bereit. Die Grünkernsuppe kann ich bis auf den Schnittlauch schon fertigstellen.

Schnell 'ne Tasse Kaffee und dann der Endspurt. Käse und Fleisch aus dem Kühlschrank, Windbeutel backen, alles am Herd bereitstellen, Windbeutel aufschneiden und füllen, Vinaigrette zubereiten, ufff.

Nun können die Gäste kommen, und ich habe nur noch ganz wenig Arbeit: Die Windbeutel sind fix und fertig, den Salat ziehe ich durch die Vinaigrette, die Leber wird gebraten, gewürzt und aufgeschnitten – fertig ist auch dieser Gang. Die Suppe muß ich noch einmal erwärmen, Butter, Sahne und Schnittlauch einmixen, den gegarten Grünkern rein, erledigt. Die Kohlrabiwürfel in Butter und Öl braten, die Sauce aus Fischfond, Butter, Wermut, Sahne und Gewürzen fertigstellen, die Lachswürfel in 30 Sekunden braten. Das Gratin in den Ofen schieben. Fleisch braten, Kaiserschoten in Butter heiß werden lassen, Sauce aus reduziertem Fond, Rotwein, Schalotten und Butter fertigstellen, auch der Gang steht, Käse servieren, Vanillesauce auf die Teller gießen, die Creme darauf anrichten und schon ist der Abend gelaufen.

Ich gebe zu: Man muß sich an diese Arbeitsweise etwas gewöhnen. Wer jedoch einmal so gekocht hat, der kann sich nicht vorstellen, irgendwann wieder einmal als Nervenbündel am Tisch zu sitzen. Probieren Sie's doch einfach mal aus.

Vorspeisen

Amuse-gueules

In den feinen Restaurants der oberen Preiskategorie ist es üblich, den Gästen vor dem Beginn des eigentlichen Menüs kleine Appetitanreger zu servieren, auch Amuse-gueules genannt. Das sind winzige Portionen, mit denen ein ehrgeiziger Küchenchef schon ganz zu Anfang eines großen Abends demonstrieren kann, was er »auf der Pfanne« hat.

Auch im häuslichen Bereich halte ich diese kleinen Appetithappen für eine schöne Sache. Vor dem eigentlichen Beginn des Essens kann man mit seinen Gästen schon mal ein bißchen zusammensitzen, den Aperitif nehmen und sich auf die Dinge freuen, die da noch kommen werden.

Mein erster Vorschlag: Frisch gepulte Granat werden mit feinstem Olivenöl, einem Spritzer Zitrone sowie Salz und Pfeffer vermischt und für ein paar Stunden kühlgestellt.

Schwarzbrotscheiben im Backofen oder im Toaster leicht anrösten, kleine Dreiecke daraus schneiden oder mit einem Glas Kreise ausstechen. Auf dem noch lauwarmen Brot die marinierten Garnelen anrichten und entweder auf einer Platte servieren oder jedem Gast auf einem kleinen Teller einen solchen Gabelbissen reichen.

Gut sind für mein Empfinden auch winzige, gefüllte Blätterteigpastetchen geeignet, das Startsignal für ein großes Essen zu geben. Die braucht man nicht mit der Gabel und abgespreiztem kleinen Finger mehr zu verspeisen als zu essen, sondern die wandern direkt vom großen Teller, Schwupp, mit den Fingern in den Mund.

Beim Stichwort Blätterteig muß ich Ihnen gestehen, daß ich den auch nicht selber herstelle, sondern auf eine gute Sorte aus dem Tiefkühlregal zurückgreife und sie dadurch verbessere, daß ich eine Butterschicht zwischen die Platten streiche. Wer sich die Mühe mit dem Blätterteig machen will – bitte schön, das Ergebnis kann nur besser als das des Fertigproduktes sein. Egal, ob vorbereitet oder in der eigenen Küche hergestellt, werden die Platten auf etwa zwei Millimeter Stärke ausgerollt, mit einem Glas rund ausgestochen und kühlgestellt.

In der Zwischenzeit bereiten Sie eine Füllung zu. Die kann aus gewürzter Kalbfleischface und/oder Pilzpüree bestehen. Für eine Champignonfarce zerkleinern Sie 200 Gramm geputzte rosa Champignons im Mixer nicht zu fein. Eine Schalotte und 50 Gramm gestreiften Speck in sehr feine Würfel schneiden. Den Speck auslassen und die Schalottenwürfel darin glasig, auf keinen Fall braun werden lassen.

Die Champignonpampe zufügen und bei erhöhter Hitze alle Flüssigkeit verdampfen lassen. Mit Salz, Pfeffer und Zitrone abschmecken. Die Farce mit einem Teelöffel auf die eine Hälfte der Blätterteigkreise setzen, die Ränder mit Wasser bepinseln, den Teig umschlagen und die Ränder gut andrücken, damit keine Farce austritt. Das Blech in den auf 200 Grad vorgeheizten Ofen schieben und in gut einer Viertelstunde garen. Die knusprigen Appetithappen schmecken lauwarm besonders gut.

Crostini

– vielseitig und schnell zubereitet

Man nehme ein paar Scheiben gutes Weißbrot, toaste sie, reibe die noch lauwarmen Scheiben mit einer Knoblauchzehe ein und beträufle sie anschließend mit bestem Olivenöl – fertig ist eine hinreißende Vorspeise. Sie glauben das nicht? Ich habe es auch nicht geglaubt, bevor ich diese Crostini auf dem Weingut Santa Cristina in der Toskana probiert habe. Allerdings haben die Besitzer, die Marchesi Antinori, auch denkbar beste Voraussetzungen: Neben hochklassigen Weinen erzeugen sie ein ebensolches Olivenöl. Wie übrigens viele andere Winzer der Region auch.

Sehr häufig wird in den Tratorias in Florenz und Umgebung als erste Vorspeise ein Teller mit Crostini serviert. Der könnte beispielsweise so aussehen: Crostini mit Tomate, mit Hühnerleber, mit Knoblauchmayonnaise, mit Steinpilz- oder Olivenmus. Nehmen Sie beispielsweise die Version mit Hühnerleber. Dafür wird die sauber parierte Leber zusammen mit Petersilie und Knoblauch in gutem Olivenöl sacht angebraten. Mit einem Schluck Weißwein ablöschen. Die Leber sollte innen rosa bleiben. Ein paar Kapern und Sardellenfilets zufügen und alle Zutaten im Mixer oder mit dem Schneidstab sorgfältig pürieren. Mit Salz und Pfeffer abschmecken. Eine grobe Mengenangabe: Auf 250 Gramm Leber kommen etwa ein Bund Petersilie, zwei Knoblauchzehen, ein Esslöffel Kapern und zwei Sardellenfilets.

Oder wie wäre es mit Steinpilz-Crostini? In der Toskana gibt es diese herrlichen Pilze jetzt frisch auf jedem Markt, aber hier müssen Sie wohl auf Trockenware zurückgreifen. Dafür eine Handvoll Pilze einweichen, abgießen

und ausdrücken. Das Einweichwasser durch eine Filtertüte gießen. Die Pilze zusammen mit Knoblauch, Petersilie und kleingewürfelter Schalotte in Olivenöl anbraten. Das Einweichwasser zufügen und verkochen lassen. Die Pilze und die übrigen Zutaten pürieren und mit Pfeffer sowie Salz abschmecken. Auf das lauwarme Brot streichen – und ab in den Mund damit. Der Koch oder die Köchin sollen ja schließlich auch nicht darben.

Wie Sie gesehen haben, ist die Machart für all die Pasteten sehr ähnlich: Die Zutaten in Öl anbraten, etwas durchziehen lassen, die Flüssigkeit reduzieren, gründlich mixen und abschmecken. Was immer Sie auch auf die gerösteten Brotscheiben streichen mögen: Eine Karaffe oder ein Kännchen mit Olivenöl gehört auf den Tisch. Es gibt jedoch auch Crostini, für die der Herd kalt bleiben kann. Zum Beispiel für ein Tomatenmus. Dafür wird Tomatenmark mit Knoblauch, Schalotte und Basilikum püriert und – wie könnte es anders sein – mit einem Schlückchen Öl verfeinert. Auf diese Tomatenpaste kann man auch noch ein paar Krümel Parmesan streuen. Ein Tomatenmus aus frischen Früchten ist etwas schwieriger herzustellen, weil die Dinger viel Wasser in sich haben und nur schwer trocken zu kriegen sind. Ein Ersatz: Tomaten überbrühen, häuten und entkernen. Das Fruchtfleisch sehr fein würfeln und mit den anderen genannten Zutaten vermischen.

Jetzt brauchen Sie nur noch einen warmen, sonnigen Tag, einen Garten, Balkon oder eine Wiese im Park – und dann kann das Crostinifestival losgehen. Mit ein bißchen Phantasie fühlen Sie sich dann wie in Italien.

Zutaten:

Weißbrot
Knoblauchzehe
Olivenöl
Tomaten
Hühnerleber
Petersilie
Weißwein
Kapern
Sardellenfilets
Pfeffer, Salz

17

Lachs-Variationen

als Carpaccio, als Terrine oder aus der Alufolie

Zutaten (Carpaccio):

- 2 Lachsfilets
- Schnittlauch
- Olivenöl
- Sherryessig
- Pfeffer, Salz

Zutaten (Terrine):

- 400 g Lachsfilet
- 0,25 l Sahne
- 1 Zucchini
- Zitrone
- Cayenne
- Pfeffer, Salz

Für den Feinschmecker kommt ausschließlich frische Ware in Frage. Tiefkühllachs ist und bleibt nur zweite Wahl. Einmal mehr hängt die Qualität Ihres eingekauften Fisches von der Anständigkeit Ihres Fischhändlers ab. Wer über die Jahre ein Vertrauensverhältnis zu seinem Fischfachmann aufgebaut hat, kann in der Regel mit bester Bedienung rechnen.

Die Zubereitung von Lachs erfordert eine Menge Sorgfalt. Insbesondere die Garung ist nicht ohne. Ein bißchen zu viel Hitze oder zu lange Garzeit, und der Fisch ist sein Geld nicht mehr wert – er wird trocken, krümelig oder gar faserig.

In welcher Form Sie Ihren Lachs nach Hause tragen, hängt davon ab, was Sie daraus machen wollen. Der im Ganzen zubereitete Fisch wird wohl die große Ausnahme bilden, in der Regel brauchen Sie Scheiben zum Grillen oder Dünsten oder aber die ausgelösten, enthäuteten Filets. Übrigens: Als Fettfisch ist der Lachs für die Herstellung eines Fischfonds nicht sehr gut geeignet.

Für meinen ersten Vorschlag brauchen Sie gut parierte Filets. Die werden mit einem sehr scharfen Messer mit langer Klinge in möglichst dünne Scheiben geschnitten. Einzeln in Klarsichtfolie packen und mit dem Handrücken oder einem schweren Messer möglichst dünn ausklopfen. Die hauchdünnen Scheibchen auf kühlen Tellern auslegen. Bestes Olivenöl und Sherryessig im Verhältnis 5:2 vermischen, fein geschnittenen Schnittlauch zufügen, mit Salz und Pfeffer abschmecken und zu einer homogenen Marinade aufschlagen. Über den Fisch träufeln und das Carpaccio vom rohen Lachs sofort servieren. Eine wunderschöne Vorspeise!

Eine weit aufwendigere Lachsvorspeise ist eine Terrine, die im Wasserbad gegart wird. Ein sehr praktikables Rezept habe ich bei der Schweizerin Elfie Casty gefunden. Leicht abgewandelt funktioniert die Sache so:

Sie brauchen für sechs bis acht Portionen 400 Gramm Filet vom Lachs und eine feuerfeste Form von etwa einem halben Liter Inhalt. vom Filet ein schmales Stück in der Länge der Terrinenform als Einlage zurückbehalten. Den restlichen Fisch würfeln, kaltstellen und dann mit einem Eiweiß im Mixer pürieren. Dabei unbedingt darauf achten, daß die Fischmasse nicht warm wird.

Die Farce durch ein feines Sieb streichen und nach und nach einen Viertelliter Sahne unterarbeiten. Mit Salz, Pfeffer, etwas Zitrone und einer winzigen Menge Cayenne abschmecken. Im Originalrezept wird die Terrinenform mit blanchierten Zucchinischalen ausgelegt und verschlossen, wer es mag, kann sich die Arbeit gerne machen – die Terrine sieht einfach toll aus.

Die Form kommt nun in ein heißes Wasserbad und wird bei 150 Grad im Backofen für ca. eine Stunde gegart. Nach 45 Minuten sollten Sie jedoch anfangen, die Druckprobe zu machen: Die Terrine muß sich in optimalem Garzustand elastisch anfühlen – nicht weich und nicht hart. Gibt sie zu sehr nach, so ist sie noch nicht gar, fühlt sie sich fest an, ist sie übergart. In der Mitte liegt das perfekte, saftige Ergebnis. Auskühlen lassen und im Kühlschrank durchkühlen. Zum Servieren in Scheiben schneiden, auf kühlen Tellern anrichten und eventuell mit einer passenden Sauce umgießen.

Eine feine Sache ist auch der Lachs aus der Alufolie – eine besonders schonende Art der Garung. Für vier Personen sollten Sie für einen Hauptgang vier Stücke vom Filet von jeweils 150 bis 200 Gramm Gewicht spendieren. Vier Stückchen Alufolie mit flüssiger Butter gründlich auspinseln und die Filets einzeln und sorgfältig einwickeln. Es sollte nichts von dem köstlichen Saft austreten. Bei 200 Grad im Ofen etwa zehn Minuten garen.

In der Zwischenzeit können Sie sich an die Zubereitung der Sauce machen: Eine Schalotte feinhacken und zusammen mit je zwei Esslöffeln Estragonessig und trockenem Weißwein stark reduzieren. Vier Eigelb mit vier Esslöffeln Sahne verquirlen, die Reduktion zugeben. Im Wasserbad aufschlagen, bis eine Bindung entsteht. Vom Feuer nehmen, mit Salz, Pfeffer und Zitronensaft abschmecken und frische Estragonblätter einstreuen. Den Fisch auf vorgewärmten Tellern anrichten und mit der Sauce übergießen. Dazu passen sowohl Kartoffeln als auch Reis.

Zutaten (Folienlachs):

4	Lachsfilets (je 150 g)
4	Eigelb
1	Schalotte
4 EL	Sahne
	Butter
	Estragon
	Estragonessig
	Weißwein
	Zitrone
	Pfeffer, Salz

Spinat mit Pinienkernen

und Olivenöl ist eine köstliche Vorspeise

Zutaten (4 Personen):

500 g	Spinat
50 g	Pinienkerne
2	Schalotten
1	Knoblauchzehe
	bestes Olivenöl
	Parmesan im Stück
	Butter
	Muskatnuß
	Pfeffer aus der Mühle
	Salz

Ich entschließe mich heute, einfach einen Hauch Frühling auf den Teller zu bringen. Die Zutatenliste ist kurz, die Qualitätsanforderungen sind dafür hoch. Gerade bei diesen scheinbar ganz einfachen Gerichten mit wenigen Zutaten sind makellose Frische und erste Ware unbedingte Voraussetzung für den Erfolg.

Der Spinat wird gründlich gewaschen und geputzt und anschließend gut ausgedrückt oder in der Salatschleuder getrocknet. Ein paar Wassertröpfchen, die an den Blättern haften, schaden jedoch nichts.

Die Schalotten schälen und in kleine Würfel schneiden, die Knoblauchzehe pellen und mit dem flachen Messer andrücken. Einen Teelöffel Butter in einem großen Topf nicht zu stark erhitzen und die Schalottenwürfel sowie die Knoblauchzehe darin anschwitzen. Den Spinat zufügen – jetzt wissen Sie auch, weshalb der Topf groß sein soll.

Ein-, zweimal umrühren und den Topf verschließen. Nach spätestens einer Minute ist von der Riesenmenge Spinat nur noch ein bescheidenes Häuflein übriggeblieben. Dieses wird mit Salz, Pfeffer und Muskat gewürzt, noch einmal gut durchgemischt, und schon ist die Kocherei fast beendet.

Der Spinat wird auf einer Servierplatte großflächig verteilt und soll dort abkühlen. Die Knoblauchzehe können Sie noch rausfischen, denn gegen Vampire muß sich ja wohl niemand am Tisch schützen. In der Zwischenzeit rösten Sie die Pinienkerne in einer beschichteten Pfanne vorsichtig an. Die brauchen keine Fettzugabe, weil sie selbst viel Fett enthal-

ten. Auf keinen Fall sollten die kleinen, leckeren Dinger schwarz werden, sie sind dann bitter und schmecken fies.

Die Pinienkerne werden nun über den Spinat auf der Platte verteilt. Und jetzt greife ich zur Flasche mit dem besten Olivenöl. Das lasse ich in feinem Strahl recht großzügig über das Gemüse laufen und berausche mich schon jetzt an dem herrlichen Duft, der mir entgegenströmt. Nasen-Peep-Show für Genießer …

Der Rest ist schnell erzählt: Von einem Parmesanstück raspele ich mit einer groben Reibe Stückchen ab. Diese Stückchen sollten nachher im Mund noch deutlich fühl- und kaubar sein. Also nicht zu fein reiben. Und wer jetzt zum fertiggeriebenen Käse greifen will, bekommt sofort die rote Karte.

So, und schon kann gegessen werden. Nach Geschmack noch ein bißchen Zitrone über den grünen Frühlingsboten, ein Stück Baguette dazu, ein frischer, leichter Wein im Glas – ja und dann erklären wir den Frühling gemeinsam für gekommen. Zumindest auf dem Teller.

Geschmortes Paprikagemüse

in Sahne und als Gegenstück in Olivenöl

Zutaten (4 Personen):

- 3 Paprikaschoten (grün, rot, gelb)
- 2 Knoblauchzehen
- 2 Schalotten
- 1 Bund Frühlingszwiebeln
  Weißwein
  Butter/Olivenöl
  Sahne
  Rosmarin
  Salbei
  Pfeffer, Salz

In den zurückliegenden Jahren hat die feine Küche einen schleichenden, aber inzwischen deutlich spürbaren Wandel durchgemacht. Butter und Sahne sind bei vielen Spitzenköchen in den Hintergrund getreten, die mediterrane Küche mit Olivenöl und Kräutern spielte sich immer mehr in den Vordergrund. Ich behaupte: Beide Zubereitungsarten haben ihre Stärken. In unseren Breiten gibt es nun einmal eine historisch gewachsene Verwendung der Milchprodukte. Und mit einer Pulle Olivenöl im Schrank liegt die Küche immer noch am Hulsberg oder in Lesum und nicht an südlichen Stränden.

Die Paprikaschoten werden halbiert, entkernt, mit einem Sparschäler von der Haut befreit und in Streifen oder dekorative Rauten geschnitten. Die Schalotten und die Knoblauchzehen pellen und fein würfeln. Die Frühlingszwiebeln putzen und in Ringe schneiden.

Version eins ist die Zubereitung mit Butter und Sahne. Dafür zerlasse ich in einer großen Pfanne oder Sauteuse etwas Butter und schwitze darin Schalotten und Knoblauch an. Die Frühlingszwiebeln und die Paprikastücke dazugeben und ebenfalls anziehen lassen. Die Gemüse sollen bei dieser Prozedur keine Farbe ziehen.

Einen Schluck trockenen Weißwein angießen und verkochen lassen. Die Säure des Weines übernimmt den Gegenpart zur Süße des Gemüses. Wenn der Wein eingekocht ist, 0,1 l Sahne angießen. Das Gemüse in etwa zehn Minuten darin garen und zwischendurch umrühren. Ob Ihr buntes Gemüse gar ist oder nicht, erfahren Sie am besten, indem Sie sich ein Stück Paprika in den Mund schieben. Aber bitte nicht schlabberweich kochen lassen!

Die Sahne dürfte inzwischen deutlich reduziert sein, so wie es sich für eine Beilage gehört. Mit Salz und Pfeffer würzen, ein Spritzer Wein kann den letzten Pfiff bringen. Dazu passen beispielsweise Schnitzel aus der Putenbrust und Spaghetti. Aber auch Leber ist ein exzellenter Begleiter von Paprikagemüse.

Beim Mittelmeer-Auftritt von Paprika können Sie Butter und Sahne in den Kühlschrank zurückstellen. Dafür holen Sie ein gutes Olivenöl heraus, am besten ein natives, kalt gepreßtes mit einer fruchtigen Note.

Die Gemüse werden in der gleichen Weise vorbereitet wie in der Butter-Version. Jetzt erhitzen Sie das Olivenöl nicht zu stark und schwitzen darin die Zutaten wie oben an. Selbst der Schluck Wein kommt auch an diese Art. Die Sahne wird dann allerdings durch etwas Brühe ersetzt, ansonsten ist die Zubereitung identisch. Doch jetzt kommt der Clou: Dieses Paprikagemüse wird neben Salz und Pfeffer mit Kräutern gewürzt. Salbei und Rosmarin sind die richtigen Begleiter. Sie werden gewaschen, gezupft und fein gehackt. Erst zum Schluss unter das Gemüse geben. Vor dem Servieren vielleicht noch einen Schluck frisches Öl unterziehen.

Die Getränkefrage erledigt sich fast von selbst. Zur Sahne-Version würde ich einen kräftigen Grauburgunder aus Baden trinken, und zum Mittelmeer-Gemüse paßt ein sonnenverwöhnter Südfranzose – der kann rot oder auch weiß sein.

Salate

Heringssalat

mit Roter Bete, Walnüssen und selbstgerührter Mayonnaise

Zutaten (8 Personen):

250 g	Putenbrust
250 g	Rote Bete
200 g	Kartoffeln
50 g	Walnußkerne
4	Bismarckheringe
4	Matjes
2	Äpfel
2	Gewürzgurken
2	Eier
	neutrales Speiseöl
	Zitrone
	Pfeffer, Salz

Zu den Gerichten, für die es Tausende von Rezepten gibt, gehört Heringssalat. Da schwören manche Hausfrauen auf Essig und Öl, andere nehmen Mayonnaise, wieder andere sind mit Yoghurt dabei. Und so geht das mit allen anderen Zutaten auch quer durch den Garten – aber fast alle Versionen schmecken gut. Also muß der Hering wohl seine Qualitäten haben – nicht nur als Retter vor dem kleinen Kater zwischendurch.

Mein Heringssalat besteht aus nebenstehenden Zutaten, die für acht bis zwölf Portionen reichen. Für weniger lohnt sich die Arbeit kaum, und Sie werden sehen, wie schnell auch die größte Schüssel geleert ist.

Für die Heringe suchen Sie sich den besten Fischhändler der Welt. Mit ein bißchen Glück ist der gleich bei Ihnen um die Ecke. Er wird Ihnen traumhaft zarte Matjesfilets und milde Bismarckheringe einpacken. Den Fisch zu Hause sorgfältig auf Gräten durchsuchen, abspülen, die Filets trockentupfen und in Würfel schneiden.

Die Rote Bete eine gute halbe Stunde in gesäuertem Salzwasser garen. Die Knollen abschrecken und pellen. Das geht ganz leicht mit dem Sparschäler, jedoch sollten Sie zwei Gefahren sehen: Die Dinger können höllisch heiß sein, und die Farbe ist intensiv. Sie macht sich auf weißen Gardinen oder Hemden nicht sehr dekorativ. Die roten Knollen in Würfel von etwa einem Zentimeter Kantenlänge schneiden.

Die Kartoffeln garen, pellen und würfeln. Die Gewürzgurken ebenfalls in kleine Wür-

fel zersäbeln. Die Walnüsse mit dem großen Kochmesser grob zerkleinern, jedoch nicht zu Nußstaub verarbeiten. Die Nußstückchen sollen durchaus noch beim Kauen spürbar sein.

Bliebe noch das Fleisch. Das wird sanft gebraten, kühlt dann etwas aus und wird schließlich ebenfalls gewürfelt. Übrigens können Sie auch jede andere Sorte weißes, zartes Fleisch nehmen, zum Beispiel Kalb, Poulardenbrust, Schweinefilet oder –schnitzel. Ich habe sogar schon einen Kaninchenrücken auf diese Weise verarbeitet.

Das Fleisch salzen und pfeffern. Alle Zutaten vorsichtig miteinander vermengen und durchziehen lassen. Haben wir jetzt alles? Nein, die Mayonnaise fehlt noch. Dafür gebe ich zwei Eier in den Mixer, schlage das Ding an und gebe Öl erst tropfenweise, später in dünnem Strahl zu. Die Mayonnaise wird fest und fester, sie wird mit Salz, Pfeffer, Zitrone und einer Prise Zucker gewürzt. Wer es wenigsten etwas leichter mag, zieht ein paar Esslöffel geschlagene Sahne unter. Die Mayonnaise unter den Heringssalat heben, und dann kann gegessen werden. Dazu schmeckt getoastetes Weißbrot, aber auch Schwarzbrot aus dem Toaster ist nicht zu verachten.

Ein Nachteil der selbstgemachten Mayonnaise sei nicht verschwiegen: Sie steht nicht so gut wie die Ware aus Glas oder Tube. Emulgatoren machen dies bei Industrieprodukten möglich. Aber was ist Tuben-Mayonnaise gegen Ihre selbstgemachte. Schließlich sind auch Kater Feinschmecker.

Salat mit Muscheln und Schellfisch

– außerdem mit Tomate und Safran

Für Freunde von Meeresgetier präsentiere ich einmal einen ausgefallenen Salat. Die Hauptakteure sind neben verschiedenen Blattsalaten Schellfisch und Miesmuscheln, aber auch Dorschfilet oder ein anderer weißer Fisch ist denkbar. Bei den Muscheln sollten die kleinen, gelbfleischigen Dinger aus Spanien oder Frankreich erste Wahl sein, es gibt aber auch recht ordentliche, vorgewaschene Miesmuscheln von der Nordseeküste.

Die ersten Vorbereitungen gelten den Muscheln. Dafür setze ich einen Kochsud aus den kleingeschnippelten Schalotten und dem Weißwein an, ein Lorbeerblatt dazu, ein paar Pfefferkörner – und auf keinen Fall Salz. Das bringen die Muscheln selbst mit.

Die Muscheln bürsten, die Barten entfernen, beschädigte Exemplare wegwerfen. Gründlich waschen, falls es sich nicht um vorgewaschene Ware handelt. Inzwischen kocht der Sud im großen Topf. Muscheln rein, Deckel drauf, in fünf bis acht Minuten sind die Dinger gar. Die Muscheln herausnehmen, etwas auskühlen lassen, das Fleisch aus den Schalen lösen. Den Muschelsud durch ein sehr feines Sieb geben, Perfektionisten nehmen ein Seihtuch, das auch feinste Sandkörnchen zurückhält.

Lauch, Sellerie und Karotten putzen und in feine Streifen (Julienne) schneiden. In kochendem Salzwasser garen. Erst die Karotten rein, ein paar Minuten später den Sellerie, schließlich den Lauch. So ist alles gleichzeitig fertig. Die Gemüse sollten knapp gegart werden, damit sie noch etwas Biß haben.

Die Tomaten überbrühen, häuten, vierteln, entkernen, das Fruchtfleisch fein würfeln (Tomatenconcassée). Schließlich den abgespülten Schellfisch leicht salzen und in einer beschichteten Pfanne in Butterschmalz sanft braten. Der Fisch soll dabei gar keine Farbe annehmen.

In der Zwischenzeit die Blattsalate – am besten zwei Sorten – putzen, waschen und trockenschleudern. Anschließend in mundgerechte Stücke schneiden. Eine Vinaigrette aus einem Esslöffel Weißweinessig, einem Teelöffel Senf sowie drei Esslöffel Muschelfond anrühren, und schließlich drei Esslöffel feines Olivenöl unterschlagen.

Den restlichen Muschelfond stark reduzieren, etwas Sahne und eine Kapsel Safran zufügen. Am Ende der Prozedur sollten ein paar Esslöffel sahnige, leuchtend gelbe Sauce übrigbleiben.

Die Blattsalate, die Tomatenwürfel und die Gemüsestreifen vorsichtig mit der Vinaigrette mischen und auf großen Tellern anrichten. Darauf das Muschelfleisch und das in grobe Würfel zerteilte Fischfilet anrichten. Die Safransauce über Fisch und Muscheln geben.

Ein leichtes, vollwertiges Mittagessen, das schon einen Hauch von Frühling und ein bißchen Mittelmeersonne auf den Tisch bringt. Das seinen herrlichen Geschmack vor allem deshalb so wunderbar zur Geltung kommen läßt, weil die Hauptzutaten lauwarm sind. Nieder mit eiskalten Salaten!

Zutaten (4 Personen):

500 g	Muscheln
500 g	Schellfischfilet
0,1 l	Weißwein
0,1 l	Sahne
1 EL	Weißweinessig
3 EL	Olivenöl
1 TL	Senf
4	Tomaten
2	Kopf Blattsalat (Eisberg, Kopfsalat, Batavia oder Eichblatt)
2	Schalotten
2	Karotten
1	Stange Lauch
1	Stück Sellerie
	Zitrone
	Pfeffer, Salz

Salat mit Pinienkernen

und mit knusprigen Croutons

Zutaten (4 Personen):

250 g	Fleischtomaten
250 g	rosa Champignons
2 EL	Pinienkerne
2	Scheiben Toastbrot
1	großer Kopf
	Lollo rosso
	scharfer Senf
	Traubenkernöl
	Himbeeressig
	Pfeffer, Salz

Es gibt unter den Menschen »sone und solche«: Die einen können futtern, was sie wollen und sehen immer gleich schlank aus. Die anderen müssen einen gefüllten Teller nur ansehen, und schon haben sie wieder ein paar Gramm mehr auf den Rippen. So finde ich es ganz gut, daß ich heute für Sie ein Gericht habe, das beiden Typen gerecht wird.

Der erste Essertyp kann sich diesen Genuß als Vorspeise reinziehen, für die »guten Futterverwerter« ist es das nicht minder leckere Hauptgericht. Für die Croutons brauchen Sie zwei Scheiben Toastbrot, und zwei Eßlöffel Pinienkerne sollten auch im Haus sein. Der Salat wird geputzt, in Blätter zerlegt und gründlich gewaschen. In der Schleuder mindestens ebenso gründlich trocknen. Die Blätter werden in mundgerechte Bissen zerschnitten und auf großen Eßtellern verteilt. Der ganze Tellerboden sollte damit bedeckt sein.

Die Tomaten kurz in kochendem Wasser brühen, eiskalt abschrecken, die Blütenansätze herausschneiden und die Haut ringsherum abziehen. Die »nackten« Kerne sowie die Flüssigkeit aus dem Innern entfernen. Übrig bleibt das reine Tomatenfleisch, das in Streifen geschnitten und über die Salatblätter gestreut wird. Die Champignons waschen, putzen, die Stiele anschneiden und die Pilze in Scheiben schneiden. Auch sie werden locker über die ganze Eßtellerfläche verteilt.

Vom Toastbrot die Rinde abschneiden. Die Scheiben in Würfel von etwa einem Zentimeter Kantenlänge sä-

beln und in einer beschichteten Pfanne ohne oder mit ganz wenig Butter nicht zu heiß goldbraun anrösten. Diese Croutons geben dem Salat im wahrsten Sinne des Wortes Biß. Und sozusagen als Klecks Sahne extra rösten Sie anschließend noch ein paar Pinienkerne an. Die brauchen kein Fett (weil sie selbst genug davon in sich tragen) und dürfen auf keinen Fall schwarz werden. Dann sind sie verbranntbitter und kein Genuss. Also aufpassen mit der Hitze!

Die Salatsauce besteht heute aus Himbeeressig, Salz, Pfeffer, einer Messerspitze scharfem Senf, etwas Walnußöl sowie reichlich Traubenkernöl. Für das Verhältnis Essig zu Öl sollte in etwa 1:4 die Daumenregel sein. Alles andere hängt von Ihrem Geschmack und Ihren Abschmeckkünsten ab. Zunächst Salz, Pfeffer und Senf sorgfältig im Essig auflösen und erst danach die Öle gründlich unterschlagen. Durch die Arbeit mit dem Schneebesen gehen die Zutaten eine innige Verbindung ein.

Die Sauce über den Salat in feinem Strahl rinnen lassen, so daß sie möglichst alle Zutaten dünn benetzt. Erst ganz zum Schluß die Croutons und die Pinienkerne über die Salate streuen.

Übrigens: Von der Salatsauce können Sie ruhig eine etwas größere Portion anmixen. Was nicht aktuell Verwendung findet, kommt in ein Schraubglas oder eine kleine Flasche und kann im Kühlschrank eine Weile aufbewahrt werden. Vor der nächsten Verwendung gründlich aufschütteln, damit die Zutaten sich wieder verbinden.

Salat vom Perlhuhn

mit Avocados, Tomaten, Batavia und Champignons

Einen Salat der besonders feinen Art habe ich für Sie vorbereitet. Mit Perlhuhnfleisch und Avocados, mit Champignons und Tomaten, mit Batavia und einer senfgeschärften Vinaigrette.

Selbstverständlich können Sie auch anderes Geflügel als Perlhuhnkeulen nehmen, aber mit dieser Sorte wird der Salat besonders fein. Für das Gelingen ist weiter wichtig, daß die Tomaten aromatisch sind, die Avocados reif. In der Hühnerbrühe werden die Perlhuhnkeulen in 20 bis 30 Minuten sanft gegart. In der Zwischenzeit können Sie die weiteren Zutaten für Ihren Salat vorbereiten. Die Tomaten überbrühen, häuten, entkernen, das Fruchtfleisch in Streifen schneiden.

Die Salatblätter von den Köpfen lösen, die Rippen und alles Welke wegschneiden, gründlich waschen und trockenschleudern. Die so getrockneten Blätter in mundgerechte Bissen zerschneiden. Kaum etwas ist beim Salatessen ärgerlicher, als wenn man schon nach zwei, drei Bissen Hemd oder Bluse in die Reinigung schleppen muss – und dies nur, weil der Koch zu faul war, den Salat kleinzuschneiden.

Die Champignons putzen, in Scheiben schneiden und in etwas Olivenöl kurz braten. Schließlich die Avocados entkernen, das Fruchtfleisch mit einem Löffel aus der Schale lösen und ebenfalls in mundgerechte Stücke schneiden.

Bliebe noch die Vinaigrette. Die bereite ich heute mal ganz leicht, sprich ohne viel Öl, zu. Für die Bindung sorgt scharfer Senf, den ich großzügig, aber nicht übermäßig verwende.

Die eigene Zunge ist immer noch das beste Maß.

Etwas Essig mit Salz, Pfeffer, einer kleinen Menge Senf und ein paar Eßlöffeln Hühnerbrühe verrühren. Jetzt kommt der Pürierstab zum Einsatz und mit ihm wenig von einem sehr guten Olivenöl und mehr von dem scharfen Senf. Die rasenden Messerchen binden den Senf fest in die Flüssigkeit ein, sorgen so für die Emulsion, also für eine gewisse Sämigkeit. Sorgfältig abschmecken, die Konsistenz mit Brühe regulieren.

Inzwischen sind die Perlhuhnkeulen soweit abgekühlt, daß man sie anfassen kann. Das schiere Fleisch sehr sorgfältig von den Knochen lösen und in Streifen schneiden.

In einer großen Salatschüssel Pilze, Tomaten, Avocado, Batavia und das Geflügelfleisch zusammenkippen, die Vinaigrette drübergießen und den Salat sehr vorsichtig durchmischen. Wer zuviel rührt, erzeugt unappetitlichen Matsch. Weniger ist mehr.

Die verbliebene Hitze des Fleisches wärmt die übrigen Zutaten etwas an, das kühle Gemüse wiederum bringt das Perlhuhn auf Genusstemperatur. So entsteht ein köstlicher lauwarmer Salat.

Bei dessen Genuß werden Sie schnell merken, daß uns die Kühltheken-Fetischisten mit ihren untertemperierten Salaten um so manchen Genuß bringen. Erst lauwarm entwickeln alle Zutaten im Zusammenspiel mit der Salatsauce ihren wundervollen Geschmack. Kleine Ursache, große Wirkung.

Zutaten (4 Personen):

2	Perlhuhnkeulen
100 g	rosa Champignons
0,4 l	Hühnerbrühe
2	kleine Batavia
2	Fleischtomaten
2	reife Avocados
	scharfer Senf
	Olivenöl
	Weißweinessig
	Zitrone
	Pfeffer, Salz

Salat von Bohnen und Thunfisch

mit Kartoffeln und Pesto als ausgewachsene Mahlzeit

Zutaten (4 Personen):

500 g	Kartoffeln
400 g	grüne Bohnen
20 g	Pinienkerne
0,1 l	Olivenöl
1	Dose Thunfisch ohne Öl
1	Tomate
1	Bund Basilikum
1	Knoblauchzehe
1 EL	geriebener Parmesan
	schwarze Oliven
	Pfeffer, Salz

Was paßt besser zu Sommer und Sonne als Salate? Mit Salat meine ich allerdings nicht ein paar verträumte Blättchen mit säuerlicher Soße überschüttet. Salat darf ruhig eine ausgewachsene Mahlzeit sein. Etwas Brot dazu und ein Glas Wein – Herz, was willst du mehr?

Mein heutiger Rezeptvorschlag erfüllt die Forderung nach einer solchen sättigenden Mahlzeit. Es gibt einen Salat von grünen Bohnen, Thunfisch, Kartoffeln, Tomate, mit einem leicht gehaltenen Pesto.

Zu den Kartoffeln: Nehmen Sie am besten eine festkochende Salatware. In Salzwasser garen, pellen und in Scheiben schneiden. Die Bohnen in mundgerechte Stücke schnippeln, dann gabelt sich der Salat besser. Bevor Sie schlechte frische nehmen, greifen Sie lieber zu Tiefkühlware. In Salzwasser knapp garen, es soll jedoch keine Rohkost sein.

Die Tomate überbrühen, abschrecken, häuten, entkernen, das schiere Fruchtfleisch in Würfel schneiden. Den Thunfisch – hier sollten Sie unbedingt auf Qualität achten – abtropfen lassen und grob zerteilen. Die Hauptsache bei meinem Salat ist allerdings die Sauce.

Basilikum, Pinienkerne, Parmesan und bestes Olivenöl sind die Zutaten für das Pesto. Kräftig grün und kräftig im Geschmack wird Pesto vor allem zu Nudeln gegessen. In der ligurischen Küche kommt eine hinreißende Kombination von Bohnen, Kartoffeln und Nudeln vor.

Bei der Zubereitung des Pestos sollten Sie gleich an eine etwas größere Menge denken.

Dafür die Zutaten einfach entsprechend vervielfältigen. Eine große Portion stellt sich einfacher her als eine kleine, zweitens haben Sie gleich die Basis für ein weiteres Essen, sei es zu gedünstetem Fisch oder zu einer Portion Spaghetti. Im verschlossenen Glas hält es sich ein paar Tage im Kühlschrank.

Das großblättrige Basilikum waschen, trockenschleudern, zupfen und grob mit dem Messer zerkleinern. Zusammen mit dem Olivenöl, dem frisch geriebenen Parmesan, den Pinienkernen, etwas Salz und Pfeffer sowie einer Knoblauchzehe im Mixer zerkleinern. Nicht ganz so bequem, dafür jedoch noch edler ist die Zubereitung im Mörser. Eine Arbeit, die anstrengend und manchmal auch frustrierend ist.

Die gut abgeschmeckte grüne Paste bei Bedarf mit etwas Brühe strecken. Alle Zutaten vorsichtig vermischen, Kartoffeln und Bohnen dürfen ruhig noch heiß sein, der Salat wird lauwarm serviert.

Wenn Sie noch einen kräftigen Geschmacksakzent setzen wollen, können Sie entkernte, kleingeschnittene schwarze Oliven zufügen.

Zum Salat passen gut geröstete Weißbrotscheiben, die mit Knoblauch eingerieben und mit bestem Olivenöl beträufelt werden. In meinem Glas schwappt ein nicht zu anspruchsvoller, alkoholarmer, frischer, trockener italienischer Weißwein. Und über mir lacht die Sonne – auch wenn's mal wieder in Strömen pladdert.

Vegetarischer Salat

mit angerösteten Pilzen, Sojasprossen und Bohnen

Zutaten (4 Personen):

300 g	grüne Bohnen
300 g	Shitake-Pilze
300 g	Sojasprossen
1	Kopf Batavia
1	Bund Rucola
4 EL	Olivenöl
3 EL	Hühnerbrühe
1 EL	Sojasauce
1 EL	Rotweinessig
1 TL	Senf
	Pfeffer, Salz

Zwischen Aschermittwoch und Ostern liegt die Fastenzeit. Da soll die strapazierte Leber Zeit zur Regeneration bekommen, ein paar überflüssige Pfunde könnten auch verschwinden, weniger soll für ein paar Wochen durchaus mehr sein. Doch da das Fasten kulinarisch so unergiebig ist, die Freude am guten Essen dagegen das Thema dieses Buches, biete ich einen Kompromiß an: Gesundes, leichtes Essen mit maximalem Genußpotential. Hier nun mache ich einen Vorschlag, der den Vegetariern mal wieder zu ihrem Recht verhilft. Blattsalate, Sojasprossen, Shitake-Pilze und grüne Bohnen sind die Zutaten für einen ganz besonders leckeren Salat.

Wohl dem, der einen gut sortierten, ehrlichen Gemüsehändler hat. Der Fachmann hat sicher eine Palette frischer Salate vorrätig, unter anderem auch Rauke (Rucola), den Lieblingssalat der Toskana-Fraktion. Dieses leicht bittere Grünzeug paßt gut mit dem etwas knackigeren Batavia zusammen, Sie können jedoch auch Eisberg oder Kopfsalat nehmen. Beim Thema Bohnen spricht nichts gegen Tiefkühlware. Dieses Rezept hat mit Kocherei nicht ganz viel zu tun, einzig die Pilze müssen gebraten werden.

Den Batavia putzen, in einzelne Blätter zerlegen, waschen, trockenschleudern und in mundgerechte Streifen zerlegen. Sie wissen schon: wegen der Kleckergefahr für Hemd und Bluse. Die Rauke ebenso vorbereiten. Die grünen Bohnen in Salzwasser knapp garen und abschrecken.

Die Pilze wenn nötig überbrausen und abtupfen, ansonsten nur sorgfältig putzen, die größeren Exemplare etwas kleinschneiden. In Olivenöl in einer Pfanne mit großen Durchmesser kräftig anbraten. Der große Durchmesser ist wichtig, weil nur so die austretende Flüssigkeit optimal verdampfen kann. Ist das nicht der Fall, bildet sich schnell ein suppiger See, in dem die Pilze schmoren, aber nicht braten. Nur durch den Bratvorgang entwickeln sie jedoch erst das richtige Aroma. Nach fünf bis sechs Minuten die Sojasprossen für eine halbe Minute zugeben, durchrühren, mit Salz und Pfeffer würzen, fertig.

Die Pilz-Sprossen-Mischung etwas abkühlen lassen, in der Zwischenzeit die Vinaigrette vorbereiten. Dafür mischen Sie drei Esslöffel Brühe, einen Esslöffel Sojasauce, einen Esslöffel Rotweinessig, einen Teelöffel Senf und gegen Ende Salz und Pfeffer zu. Mit dem Schneebesen oder im Mixer vier bis fünf Esslöffel bestes Olivenöl unterschlagen, so daß eine leicht sämige, homogene Salatsauce entsteht.

Die inzwischen lauwarmen Pilze und Sprossen mit den Bohnen und den Salatstreifen vorsichtig mischen, die Vinaigrette sacht unterziehen. Die Zutaten bloß nicht zu Matsch verarbeiten. Auch in diesem Fall werden Sie feststellen: Ein ganz leicht warmer Salat verströmt seine Aromen viel verschwenderischer als ein eiskalter. In diesem Fall sind es vor allem die angerösteten Pilze, die vorzüglich mit der leicht asiatisch angehauchten Sauce harmonieren.

Bei solchen Salaten ist Fasten wirklich keine Alternative.

Suppen

Cremige Suppe von Frühlingszwiebeln

mit gerösteten Weißbrotwürfeln

Zutaten (4 Personen):

0,5 l	Hühnerbrühe
0,1 l	Sahne
2 EL	geschlagene Sahne
2	Bund Frühlings- zwiebeln
2	rosa Champignons
2	Scheiben Toastbrot
1	Schalotte
1	Schuß Mineralwasser
	Butter
	Zitrone
	Pfeffer, Salz

Wenn wir zu Hause Gäste zum Essen haben, dann gibt es meist ein mehrgängiges Menü. Und wie es sich für ein Menü gehört, fehlt darin meist keine Suppe. Nein, nicht eine ganze Badewanne voll, die als Hauptgericht reichen würde, sondern lediglich eine kleine Portion, die so schön den Bogen zwischen kalter Vorspeise und dem Fischgang spannt.

Zwei Arten von Suppen sind die Klassiker: Die glasklare Brühe von Fleisch oder Fisch (z. B. Consommé) oder die cremig-sahnige Suppe von Gemüsen. Einer meiner Favoriten ist im Winter wegen des herrlichen erdigen Geschmacks (und wegen des kreischenden Pinks) die Rote-Bete-Suppe. Zum Frühjahr gehört frühlingshaftes Gemüse, und so koche ich heute eine Suppe von Frühlingszwiebeln.

Die Hühnerbrühe kochen Sie am besten frisch, das Hühnerfleisch können Sie für einen weiteren Gang oder ein Essen am nächsten Tag verwenden.

Selbstverständlich muß die Brühe sorgfältig entfettet werden.

Die Frühlingszwiebeln werden geputzt, das Weiße in Ringe geschnitten. Die Champignons blättrig schneiden. Die Schalotte pellen und fein würfeln. Die Schalottenwürfel werden in Butter sanft angebraten, ohne daß sie Farbe nehmen. Die Frühlingszwiebeln und die Champignons zufügen und etwa fünf Minuten ebenfalls anziehen lassen. Dann wird die Brühe angegossen, die Hitze erhöht, bis die Suppe kocht. Nun runter vom Gas und die Gemüse in der Brühe rund zehn Minuten sanft durchkochen lassen.

Jetzt ist Ihr Mixer dran, oder Sie machen den Pürierstab einsatzklar. Nun glaube aber niemand, man könne nur mit Rote-Bete-Suppe eine Küche in ein Schlachtfeld verwandeln. Wer den Mixerdeckel nicht schließt, den Stöpsel zu früh in das Loch im Deckel steckt, den Schneidstab unkontrolliert quirlen läßt, der wird schnell spüren, daß auch Frühlingszwiebelsuppe ein gewaltiges Verwüstungspotential hat.

Aber bei Ihnen geht das alles gut, die Gemüse in der Suppe werden fein, feiner, am feinsten zerkleinert, es bleibt eine homogene, etwas dickliche Suppe. Die Farbe ist eher unspektakulär, die Champignons haben für eine schmutzig-bräunliche Note gesorgt, aber ihr Geschmack ist wichtiger als das Outfit.

Wer jetzt mit Salz, Pfeffer und Zitrone abschmeckt, ist schon fast am Ziel. Diese Rohfassung bleibt so lange im Topf, bis die Gäste am Tisch sitzen. Erst unmittelbar vor dem Servieren bekommt das Frühlingszwiebelsüppchen den letzten Schliff.

Die flüssige Sahne zufügen, dann die geschlagene Sahne unterheben. Spritziger und etwas dünner wird sie, wenn noch ein Schluck Mineralwasser mit Kohlensäure hinzukommt.

Schließlich die Suppe in vorgewärmten Suppentassen oder in tiefen Tellern servieren und mit in Butter gerösteten Würfeln von entrindeten Toastbrotscheiben bestreuen. Dann kann der Frühling kommen.

Eiskalte Gurkensuppe

als erfrischendes Sommergericht

Puh, diese Hitze! Alles schwitzt. Und somit ist die Lust auf Eisbein, Knipp und Braunkohl auf dem Tiefpunkt. Doch was ist die Alternative zu den fetten Winteressen? Leichte, sommerliche Kost, natürlich. Zum Beispiel: eine Sommersuppe. Kalt und erfrischend sollte sie sein, und da greife ich doch einfach mal zu Gurken.

Ein kurzes Zutatenprogramm also, die Zubereitung ist in ein paar Minuten erledigt. Die Gurken werden mit dem Sparschäler sorgfältig geschält. Dann längs halbieren und die Kerne mit einem Teelöffel herausschaben. Das Gurkenfleisch grob würfeln. Die Schalotten pellen und fein würfeln.

Was die Brühe angeht, so ist eine frisch zubereitete Hühner- oder Rinderbrühe natürlich ideal, aber bei Maxitemperaturen mute ich mir und Ihnen die stundenlange Kocherei nicht zu. Ein Glas Fond aus dem Feinkostregal leistet hier gute Dienste. Die Schalottenwürfel schwitze ich in etwas Butter im Suppentopf ganz sacht an und lösche mit dem Wein und der Brühe ab. Die Gurkenwürfel zufügen und die Suppe zum Kochen bringen. Einmal gut durchkochen lassen – das war's auch schon auf der heißen Seite.

Nun kommt der Pürierstab zum Einsatz. Mit mehr oder weniger Getöse wird aus der recht dünnen Plörre ein leicht sämiges Süppchen. Wer sich vor einer vollgespritzten Küche fürchtet, kann auch auf den Mixaufsatz der Küchenmaschine zurückgreifen, aber auch das Ding hat bekanntlich seine Tücken. Die Gurkenstückchen sind nun zerschnippelt. Wenn noch einzelne größere Würfel unzerkleinert

blieben, so macht das nichts, dann hat der Esser wenigstens noch etwas zu beißen. Nun den Becher Crème fraiche mit dem Schneebesen unterrühren und den gewaschenen, gezupften, gehackten Dill zufügen. Wer keinen frischen bekommen hat, kann auch auf ein Päckchen aus der Tiefkühltruhe zurückgreifen. Die Suppe mit Zitrone, Salz und Pfeffer abschmecken. Die Zitronenmenge hängt unter anderem davon ab, wieviel Säure der verwendete Weißwein mitgebracht hat.

Wenn Sie die Suppe lange vor dem Servieren zubereitet haben, so dürfte das Runterkühlen keine schlimme Hürde darstellen. Aber wenn es mal wieder hopplahopp gehen muß, dann bedarf es schon einer größeren Menge Eiswürfel. Die packe ich mit wenig Wasser in eine ausreichend große Schüssel und stelle den Suppentopf einfach hinein. Ab und zu durchschlagen, dann wird das Gurkensüppchen schon kalt. Wichtig: Die Suppe noch einmal abschmecken, kalte Speisen nehmen Aromen anders an als warme.

Unterstützt wird die erfrischende Kühle der Suppe durch tiefe Suppenteller, die ich im Tiefkühlschrank so richtig abkühle. Wird die Suppe vielleicht auch nicht ganz eiskalt eingefüllt, spätestens beim Kontakt mit dem eiskalten Porzellan ist die Genusstempereatur erreicht. Wer auch bei Suppen nicht ganz auf eine Einlage verzichten will, der kann in Kugeln ausgestochenes Gurkenfleisch zurückbehalten.

Gut passen zu Gurken und Dill auch Granat oder Tiefseegarnelen.

Zutaten (4 Personen):

- 0,2 l Weißwein
- 0,2 l Brühe
- 2 Salatgurken
- 2 Schalotten
- 1 Bund Dill
- 1 Becher Crème fraiche
-    Butter
-    Zitrone
-    Pfeffer, Salz

Muschelsuppe

mit Safran, Gemüsen und viel Einlage

Zutaten (4 Personen):

1,5 kg	Miesmuscheln
3	Schalotten
2	Karotten
1	Stange Lauch
1	Bund glatte Petersilie
1	Lorbeerblatt
10	Pfefferkörner
1 TL	Butter
0,4 l	Fischfond
0,2 l	Weißwein
0,2 l	Sahne
2	Eigelb
1	Kapsel Safran
	Zitrone
	Pfeffer, Salz

Es gitbt Delikatessen, die sind nur schwerlich mit dem Portemonnaie von Normalverdienern in Einklang zu bringen. Denk ich an Hummer und Kaviar, dann fällt mir augenblicklich die Telefonnummer meines Kundenberaters bei der Bank ein. Es gibt jedoch auch Leckereien, für die sind Dispo oder Gewissensbisse völlig überflüssig. In diese Katagorie fallen beispielsweise Miesmuscheln. Die wachsen fast vor unserer Haustür und sind Kiloweise für ein paar Mark zu haben. Was sich daraus kochen läßt, braucht den Vergleich mit den Luxusprodukten nicht zu scheuen.

Der schlagende Beweis dafür ist die Muschelsuppe mit Safran. Die bläulich-schwarzen Muscheln werden zunächst gründlich in kaltem Wasser gewaschen und entbartet. Beschädigte und geöffnete Exemplare sofort aussortieren. In einem großen Topf den Wein mit den in Scheiben geschnittenen Schalotten, der Petersilie, den Pfefferkörnern und dem Lorbeerblatt zum Kochen bringen. Die Muscheln hineingeben, Deckel drauf und fünf Minuten unter mehrmaligem Umrühren kochen.

Die Muscheln mit der Schaumkelle aus dem Topf nehmen und etwas abkühlen lassen. Den Sud sorgfältig passieren, am besten durch ein Geschirrtuch. Diese Prozedur ist notwendig, weil der Muschelsud für die Suppe noch gebraucht wird. Da Sand beim Kauen unangenehm ist, muß er herausgefiltert werden. Und Muscheln haben meist eine ganze Menge der kleinen, harten Körnchen. Das Muschelfleisch auslösen und dabei verbliebene Barten entfernen. Muscheln, die sich nicht geöffnet haben, wegwerfen.

Folgt Teil zwei der Zubereitung: Karotten und Lauch putzen, in streichholzdünne Streifen schneiden, die die Fachleute Julienne nennen. Diese Stifte in der Butter sanft anziehen lassen. Den Fischfond – der darf ruhig aus dem Glas sein – und den Muschelsud angießen. Etwas reduzieren und dann die Sahne (ein paar Esslöffel zurückbehalten) zufügen. Die Suppe sollte jetzt nicht mehr kochen. Das ausgelöste Muschelfleisch sowie den Safran hineingeben.

Folgt der Endspurt: Die restliche Sahne wird mit den beiden Eigelb verquirlt und mit der heißen Suppe sorgfältig vermischt. Der Rest ist zwar Routine, erfordert jedoch Sorgfalt: Mit Pfeffer, Salz und Zitrone abschmecken. Wer jetzt großzügig in den Salztopf greifen will, der sollte noch einmal innehalten. Muscheln sind Meeresbewohner und bringen selbst viel Salz mit. Eventuell reicht die Würze aus dem Sud schon völlig aus. Probieren vor dem Abschmecken ist also Pflicht.

Wer angesichts seiner Cholesterinwerte bei dem Gedanken an Muscheln und Eier zusammenzuckt, kann der Sache zumindest bei den Eiern für die Bindung die Spitze nehmen. Stattdessen nehmen Sie zwei Kartoffeln, kochen sie und pürieren diese zusammen mit dem Muschelfond. Das spart außerdem noch ein paar Kalorien und macht die Suppe unempfindlicher gegen zuviel Hitze.

Bleibt die Getränkefrage zu klären. Ich empfehle Ihnen einen kräftigen Weißwein, beispielsweise einen Grauburgunder aus Baden oder zur Abwechslung mal einen Südtiroler, etwa Weißburgunder oder Pinot Grigio.

Kräftige Brühe

mit gekochtem Rinderfilet

Vergessen Sie einfach mal, daß man Rinderfilet braten »muß« – dann hängt bei Ihnen Pfingsten vielleicht ein Rinderfilet am Faden in der Brühe. Pro Person sollten Sie 200 bis 250 g Fleisch rechnen, was übrig bleibt (bleibt nicht), schmeckt auch kalt.

Zunächst geht es an die Zubereitung der Brühe. Dafür schälen und würfeln Sie alle Gemüse. Das Kochfleisch, die Knochen, die Röstgemüse, einen Petersilienstengel, zwei Lorbeerblätter sowie zwei Nelken und zehn schwarze Pfefferkörner werden mit kaltem Wasser aufgesetzt. Sobald die Brühe kocht, die Hitze runterschalten und mit dem Abschäumen beginnen.

Diesen Arbeitsgang werden Sie wohl noch drei, vier Mal wiederholen müssen, dann kann die Brühe zwei Stunden lang sacht vor sich hinköcheln.

Reichlich Zeit, um das Fleisch vorzubereiten. Ihr Schlachter hat Ihnen ein gleichmäßiges Mittelstück eingepackt, denn das gart auch gleichmäßig. Es sollte ganz schier und von allen Anhängseln befreit sein. Wenn nicht: Schlachter wechseln, denn Sie bezahlen nicht für Abfall, sondern für das teuerste Fleisch im Laden.

Inzwischen schwappt im Topf eine recht kräftige Brühe. Zunächst werden alle ausgekochten Zutaten herausgefischt, dann wird sie durch ein feines Sieb gegossen. Nun schnappen Sie sich einen Topf, in den das Rinderfilet gerade in voller Schönheit paßt. Die Brühe rein und das Fleisch wie ein Päckchen mit Schlachterfaden – gibt's beim Schlachter – geschnürt.

An jedes Ende einen längeren Faden knoten, mit dem das Fleisch an die Topfhenkel geknotet werden kann.

Die Brühe zum Kochen bringen, das Filet so hineingeben, daß es schwimmt, also weder unten aufliegt, noch oben unbedeckt bleibt. Innerhalb von Sekunden schließen sich die Poren, jetzt können Sie auf »Köchelhitze« reduzieren.

Pro Pfund Filet müssen Sie mit einer Garzeit von zehn bis 15 Minuten rechnen. Der untere Wert steht für »medium«, der obere ist schon an der Grenze zu »durch«. Aber nageln Sie micht nicht fest, die Garzeiten hängen auch von der Fleischqualität und der Größe des Bratens ab.

Nach Ablauf der Küchenuhr das Fleisch herausfischen, in Alufolie schlagen und in den auf 50 Grad vorgeheizten Ofen legen. Während der kommenden Minuten mehrfach umdrehen. So entspannen sich die Fasern und es läuft beim Aufschneiden kein Fleischsaft aus. Und was jetzt im Kochtopf zurückgeblieben ist, macht dem Namen Kraftbrühe alle Ehre.

Das aufgeschnittene Fleisch muß noch mit Pfeffer und Salz gewürzt werden, dann kann der Schmaus beginnen.

Was trinken zu diesem Festtagsfleisch? Den besten Roten, den Ihnen ein Festtag wert ist, ich würde vielleicht einen klassifizierten Bordeaux aufmachen, eine Gran Reserva aus der Rioja oder einen großen italienischen Tafelwein.

Zutaten (6 Personen):

1,5 kg	Rinderfilet
500 g	Kochfleisch vom Rind
4	Markknochen
2	Zwiebeln
2	Tomaten
1	Suppengrün
2	Nelken
2	Lorbeerblätter
1	Bund Petersilie
	Pfeffer, Salz

Rote-Bete-Suppe

Zutaten (4 Personen):

- 0,5 l Rinderbrühe
- 2 große Knollen Rote Bete
- 4 kleine Knollen Rote Bete
- Aceto balsamico
- Butter oder Olivenöl
- Pfeffer, Salz

Winterzeit ist Suppenzeit. Wenn man so richtig schön durchgefroren vom Spaziergang zurückkommt, dann weckt eine heiße Suppe die Lebensgeister. Sie wärmt durch und hilft gegen den Hunger. In den meisten Fällen sind solche Suppen rustikal bis derb, darin schwimmt jede Menge Einlage, und von Brigitte-Diät oder ähnlicher Magerkost kann keine Rede sein.

Beim Thema Suppe kann es jedoch auch fein und kalorienarm, dabei aber kräftig und sättigend zugehen. Rote Bete heißt meine heutige Hauptdarstellerin, ein Gemüse mit erdigem Geschmack, der so recht in die dunkle Jahreszeit paßt.

Rote Bete – da war doch was! Als pinkfarbene, sahnige Suppe hat sie vor mehr als zehn Jahren in der Topgastronomie Karriere gemacht, inzwischen hat sie jeder fünftklassige Dorfkneipenkoch auf der Karte. Deshalb gibt es heute das Gegenstück zur gehaltvollen Cremesuppe. Einen klaren Auszug von Roter Bete mit Rote-Bete-Püree als Einlage.

Die große Knolle beziehungsweise die Knollen schälen und die Früchte in hauchdünne Scheiben schneiden oder mit der Küchenmaschine zu Rohkost raspeln. Sinn der Übung: Die Oberfläche der Rote-Bete-Stückchen soll möglichst groß sein, damit die köchelnde Brühe alle Kraft aus den roten Rüben ziehen kann. Mindestens eine halbe Stunde sollen die Schnipsel in der Brühe ziehen, nicht kochen. Durch ein Sieb oder besser noch durch ein Tuch passieren, die dunkelrote, klare Suppe mit Salz und Pfeffer und einem Spritzer Aceto balsamico (Balsamessig) abschmecken.

Für die Einlage werden die ungeschälten kleinen Knollen in Alufolie gewickelt und bei 225 Grad im Backofen gegart. Das dauert eine halbe Stunde. Energiesparer erledigen diese Arbeit im Dampfkochtopf.

Die Knollen nach dieser Prozedur etwas abkühlen lassen und auswickeln. Die Schale abziehen – und dann liegen sie vor Ihnen: unglaublich intensiv rot leuchtende Kugeln. Etwas zerkleinern und im Mixer mit einem Spritzer Aceto balsamico, einen Stück Butter oder einem Schluck Olivenöl sowie etwas Brühe fein zerkleinern. Das Rote-Bete-Püree sollte recht fein und nicht zu flüssig sein. Sorgfaltig mit Salz und Pfeffer abschmecken.

Die intensiv schmeckende Brühe in vorgewärmte tiefe Teller füllen. Dann mit dem Esslöffel aus dem Rote-Bete-Püree Nocken abstechen und vorsichtig in die Brühe bugsieren. Diese Suppe schmeckt als geschmacksintensive Mahlzeit ebenso wie als Gang innerhalb eines größeren Menüs. Nur den Versicherungsvertreter sollten Sie vor einem solchen Essen warnen: das Zeug färbt wie die Pest, die neue weiße Luxusbluse der eingeladenen Nachbarin dürfte durch das kleinste Tröpfchen zum Versicherungsfall werden.

Spargel

Spargel-Menü

Zutaten (4 Personen):

3 kg	Spargel
100 g	Butter
0,1 l	Fischfond
0,1 l	Noilly Prat
12	Scampis
4	dünne Kalbsschnitzel
4	große Kartoffeln
2	Eier
1	Baguettestange
	Weißwein
	Butter/Öl
	Olivenöl
	Zitrone
	Pfeffer, Salz

Nun sprießt er also wieder, der weiße, heimische Spargel. Viel Feuchtigkeit in Regenwochen, anständig Sonne und somit Wärme drauf – die Saison ist eröffnet. Und weil das so ist, starte ich ins Spargelvergnügen gleich mit einem ausgewachsenen Menü. Die Speisefolge: Spargelsalat mit Olivenöl, Spargelsuppe, Spargel mit Scampi, Spargel mit neuen Kartoffeln und Sauce Hollandaise und schließlich Spargel mit Wiener Schnitzel. Zum Dessert: alles, aber keinen Spargel.

Der Spargel muss frisch sein, gründlich geschält und gewaschen werden. Die Schalen und Abschnitte werden mit kaltem Wasser bedeckt, aufgesetzt und etwa eine Viertelstunde ausgekocht. So haben Sie die Basis für die Suppe und gleichzeitig ein aromatisiertes Wasser zum Abkochen der Stangen. Die schneide ich zunächst alle auf eine Einheitslänge, im Schnitt wird rund ein Drittel am unteren Ende abgesäbelt.

Diese Abschnitte teile ich in zwei Hälften. Die eine ist für die Suppe, die andere für den Salat. Die Abschnitte für den Salat werden in dünne Scheibchen geschnitten und im leicht gesalzenen Spargelfond kanpp gegart. Mit einer Schaumkelle fische ich die Spargelscheibchen heraus und lasse sie auf Küchenkrepp abtropfen. Anschließend verteile ich den Spargel auf einer großen, nicht vorgewärmten Platte. Leicht pfeffern, ein paar Tropfen Zitrone drüber und dann mit einem hochklassigen Olivenöl begießen. Kurz ziehen lassen, dann wird der erste Gang mit frischem Baguette serviert. Eventuell vorhandene Schlipse vor Ölflecken in Sicherheit bringen, wenn Sie das Brot in die Marinade stippen!

Nun vom Spargelfond zwei Drittel in einen Suppentopf oder eine Sauteuse füllen. Darin werden die restlichen Spargelabschnitte weich gegart. Jetzt kommen Sie mit dem Pürierstab oder Mixer und pürieren alles zu einer glatten Suppe. Sahne, Salz, Pfeffer, Zitrone und etwas Muskat dazu, etwas reduzieren, noch einmal abschmecken – die Suppe kann serviert werden.

Gang drei sind die Scampis, am besten nehmen Sie Ware ohne Schale. Den Spargelfond so mit Wasser verlängern, daß die Spargelstangen für diesen Gang (drei bis vier Stangen pro Person) gut bedeckt sind. Den Spargel sorgfältig garen, ab und zu ein Scheibchen abschneiden und probieren.

Inzwischen die gewaschenen und abgetrockneten Scampis in der Pfanne in einer Mischung aus Öl und Butter braten. Das geht sehr schnell, das teure Getier verwandelt sich unter zu starker und/oder lange Hitze in Kaugummi. Die rot verfärbten Garnelen warm stellen, das Bratfett wegschütten, etwas Noilly Prat (sehr trockener Wermut) und Fischfond angießen und den Bratansatz kräftig losschaben. Reduzieren, mit Salz, Pfeffer und Zitrone abschmecken, ganz zum Schluß viele Schnittlauchröllchen unter die Sauce ziehen. Den gut abgetrockneten Spargel und die Scampis auf vorgewärmten Tellern anrichten und mit der Sauce überziehen.

Die nächsten Spargelstangen liegen im kochenden Wasser, die Kartoffeln sind aufgesetzt. Die Hauptsache ist jetzt die Sauce Hollandaise. Dafür geben Sie zwei Eigelb mit einem Spritzer Zitrone und einem Schluck Weißwein in eine Sauteuse oder einen Wasserbad-Topf. Gut 100 Gramm Butter schmelzen. Die Butter zunächst Tropfen für Tropfen, später in dünnem Strahl mit dem Schneebesen unter das Ei schlagen und die Masse vorsichtig erhitzen. Rühren, bis die Sauce sämig ist. Aber Vorsicht! Zuviel Hitze macht die ganze Mühe zunichte. Wenn Spargel und Kartoffeln fertig sind, dürften Sie auch die »Schlägerei« beendet haben. Der Spargelklassiker schlechthin.

Und für Leute, die bisher das Fleisch vermißt haben, paniere ich für den Schlußspurt dünne Kalbsschnitzel. Die werden in reichlich Butter sehr vorsichtig gebraten. Wenn Sie vom vorigen Gang noch ein paar Kartoffeln übrigbehalten haben – umso besser. Das übliche Verfahren: Spargel nach Bißprobe garen, gut abtrocknen, auf vorgewärmten Tellern anrichten. Die Schnitzel und eine Kartoffel dazulegen, mit der Bratbutter – jetzt runzelt mein

Internist die Stirn – übergießen. Und wenn ich ihm jetzt noch verrate, daß ich zu jedem Gang einen anderen Weißwein getrunken habe, dann wird er sich sofort an den Vortrag machen, den ich beim nächsten Besuch in der Praxis zu hören bekomme. Recht hat er ja – aber es ist doch nur ein Mal im Jahr Spargelzeit.

Grüner und weißer Spargel

mit Zitronennudeln und Basilikumsauce

Zutaten (4 Personen):

500 g	weißer Spargel
500 g	grüner Spargel
500 g	Bandnudeln
400 g	weißes Fleisch
	z.B. Kalb oder Pute
0,2 l	Hühnerbrühe
	oder Kalbsfond
0,1 l	Sahne
1	Bund Basilikum
1	Kartoffel
1	Zitrone
	Parmesan
	Olivenöl
	Butter
	Pfeffer, Salz

Was für Großspekulanten und Kleinanleger die Aktienkurse, das sind für Spargelfans die Preise des königlichen Gemüses. Geht es mit dem Angebot am Markt bergan, dann bewegen sich die Spargel-Notierungen zumindest ein bißchen in Richtung genußfreundlich. Billig kann das sehr arbeitsintensiv zu erzeugende Edelgemüse gar nicht sein, sparen läßt sich auf der anderen Seite bei den Fleischbeilagen. Wobei die Betonung auf »Beilage« liegt, denn wenn Spargel auf den Tisch kommt, dann ist das Gemüse die Hauptsache. Und davon darf es dann ruhig ein bißchen mehr sein.

Heute schlage ich Ihnen ein Spargelgericht vor, das ein Zwischending zwischen den Zubereitungen für Minimalisten und den allgegenwärtigen Fleischorgien ist. Es gibt ein Ragout aus grünem und weißem Spargel mit Zitronen-Bandnudeln und einer Basilikum-Cremesauce. Bei der klein bemessenen Fleischbeilage (höchstens 100 Gramm pro Nase) können Sie weißes Fleisch nach Lust und Geldbeutel auswählen. Kaninchenrücken, Perlhuhnbrust, Schweineschnitzel, Kalbsfilet, Putensteak – aber das ist alles Nebensache.

Der weiße Spargel wird sehr gründlich auf voller Länge geschält, bei der grünen Ware reicht es meist, bis zur Mitte der Stange zu schälen. Unten jeweils einen Zentimeter abschneiden. Die Spargelstangen in etwa daumenlange Stückchen schneiden. In Salzwasser mit einem Klecks Butter und einer Prise Zucker nach der Methode »Probieren geht über studieren« nach Geschmack garen.

Das gilt auch für die Bandnudeln. Eine Nudel aus dem Topf direkt in den Mund geschoben – das ist der beste al-dente-Test. Der Clou der Nudeln: die werden mit frisch geriebener Zitronenschale abgeschmeckt. Das ist eine erfrischende Version. Selbstverständlich eignen sich hierfür nur unbehandelte Früchte. Sie können jedoch auch mit einem Zestenreißer feine, dünne Streifen aus der Schale der Zitrone »schnitzen«. Der sieht wie ein kleiner Löffel aus, der vier, fünf winzige Löcher hat, durch die die Schale hindurchgepreßt wird.

Nun zur Sauce. Dafür reduzieren Sie die Brühe zusammen mit der Sahne auf rund die Hälfte. Sie merken schon: Die Sahnemenge ist äußerst knapp gehalten. Dafür greife ich zu einem Trick, der zunehmend auch in guten Restaurantküchen angewendet wird: Bindung durch Gemüse. Ich püriere in meiner Saucenbasis eine gekochte Kartoffel. Dies ist geschmacklich ziemlich neutral und bringt eine sehr gute, recht stabile Bindung.

Schließlich mixe ich ein Bund gezupftes Basilikum unter und gebe ganz zum Schluß ein paar Tropfen Olivenöl zu. Mit Salz, Pfeffer und Zitrone abschmecken – und schon ist die »gesunde« Sauce zum Spargel fertig.

Inzwischen haben Sie auch das Fleisch gebraten und ein paar Minuten ruhen lassen. Der Spargel wird auf vorgewärmten Tellern grünweiß angerichtet, Fleisch und Nudeln dazu, und schließlich kommt als Krönung die Sauce hinzu. Sie sehen, oder besser schmecken, ein erfrischendes Frühlingsgericht.

Spargelspitzen

mit grüner Mayonnaise oder in der Suppe

Da dem Spargel ja nicht nur die Spitzen wachsen, nehmen Sie die unteren Stangenteile für eine Suppe. Und weil's ein »Aufwasch« ist, bereite ich Spargelhappen und Suppe gemeinsam zu.

Der Spargel wird zunächst gründlich geschält, und zwar am Kopf dünn beginnend und zum Ende hin dicker werdend. Damit Onkel Egon und Cousin Jean-Pierre nachher nicht auf Baumstämmchen rumkauen müssen ...

Erst jetzt die Spargelenden abschneiden, weil Sie so am besten feststellen können, ob Sie gründlich genug geschält haben. Ist das nicht der Fall, dann franst der Spargel am Fuß aus und läßt sich nicht glatt abschneiden.

Nächste Schnippelaktion: Die Köpfe von etwa acht bis zehn Zentimeter Länge. Zwei brauchen Sie pro Nase für die Happen, der Rest kommt als Einlage in die Suppe. Reichen die Spitzen nicht ganz aus, dann können Sie ja bei der Suppe noch mit ein paar »ordinären« Spargelstückchen »schummeln«.

Aus den Spargelschalen kochen Sie nun zunächst einen Fond, in dem später das Gemüse gegart wird. Dafür die Schalen in einen Topf geben, soviel kaltes Wasser draufgeben, daß sie gerade bedeckt sind. Eine Viertelstunde kochen lassen, durchsieben und in dem so gewonnenen Spargelfond zunächst die Spargelspitzen mit etwas Salz, einer Prise Zucker und einem Stück Butter garen.

In der Zwischenzeit im Mixer oder per Hand aus einem Eigelb und grünem Traubenkernöl eine Mayonnaise aufschlagen. Mit Salz, Pfeffer, Zitrone und einem Spritzer Essig würzen. Bei Bedarf mit etwas trockenem Weißwein bis zur gewünschten Konsistenz verdünnen.

Je zwei lauwarme Spargelspitzen auf kleinen Tellern anrichten und jeweils einen Klecks Mayonnaise daneben geben. Als Kontrast ist auch grüner Spargel mit heller Mayonnaise denkbar. Nachdem Ihnen diese Appetithappen hoffentlich geschmeckt haben, kann die Suppe »marschieren«. Im Spargelfond die »kopflosen« Stangen garen. Anschließend alles im Mixer oder mit dem Schneidstab pürieren. Nun zwei Becher Sahne zufügen und die Suppe auf etwa die Hälfte einkochen lassen. Suppe vom Feuer nehmen und mit zwei Eigelb legieren. Auf keinen Fall noch einmal aufkochen! Mit Salz, Pfeffer, Zitrone und eventuell noch einer Prise Zucker abschmecken.

Spitzen und »Schummelspitzen« dazugeben, kurz durchziehen lassen und dann die Suppe servieren.

Übrigens: Ein ganzes Spargelmenü ist auch nicht zu verachten. Enthaltsame Personen, die an die dem Spargel zugeschriebene erotisierende Wirkung glauben, sollten in diesem Fall allerdings die Dusche (kalt, natürlich!) schon jetzt anschmeißen.

»Und was mache ich zum Dessert?« mögen Sie jetzt fragen. Auch da kann Spargelfans geholfen werden. Ich habe neulich ein Rezept gelesen – allerdings nicht ausprobiert – für ein Spargel-Soufflé mit Haselnußeis und karamellisierten Spargelspitzen.

Zutaten (4 Personen):

1 kg	Spargel mittlerer Stärke
0,5 l	Sahne
2	Eigelb
	Zitrone
	Pfeffer, Salz
	Zucker

Für die Mayonnaise:

1	Eigelb
	Weißwein
	grünes Traubenkernöl
	Essig
	Zitrone
	Pfeffer, Salz

Grüner Spargel

und geschmorte Morcheln auf einem Blätterteigkissen

Zutaten (4 Personen):

500 g	grüner Spargel
20 g	getrocknete Morcheln
0,1 l	Weißwein
0,2 l	Sahne
2	Schalotten
1	Paket TK-Blätterteig
1	Ei
	Butter
	Pfeffer, Salz

Dies ist ein Gericht, das Jean-Pierre Haeberlin aus dem Elsaß mit weißem Spargel kreiert hat, und das es inzwischen in mehreren Variationen gibt.

Der Versuch, frische Morcheln zu bekommen, dürfte oft scheitern. Nur wer gute Freunde in der Top-Gastronomie hat, könnte Ende April, Anfang Mai Chancen auf frische Pilze haben. Ich nehme deshalb lieber gleich getrocknete Ware, die ist in der Verarbeitung auch weniger problematisch als Frischware.

Aufenthalte in der Schweiz sollten zum Einkauf von Trockenmorcheln genutzt werden, dort sind die Dinger erheblich preiswerter als hier – und dies trotz des schlechten Umtauschkurses. Ein Beutel mit 20 Gramm kostet dort umgerechnet etwa 10 bis 20 Mark, diese Menge reicht für eine Vorspeise für vier Personen.

Die Morcheln in lauwarmem Wasser ein paar Stunden einweichen. Die dunkelbraunen Pilze herausnehmen, gut ausdrücken, nichts von dem hocharomatischen Einweichwasser wegschütten. Die Morcheln unter fließendem Wasser sehr sorgfältig waschen. In den vielen Fugen und Spalten sitzt jede Menge Sand – und der gehört in den Ausguß und nicht auf den Teller. Die Pilze ausdrücken. Das Einweichwasser durch einen Kaffeefilter geben.

Die Schalotten pellen und in winzige Würfel schneiden. Diese in Butter in einer Sauteuse oder Pfanne sacht anziehen lassen. Die ausgedrückten Morcheln zugeben und ebenfalls ganz vorsichtig mehr schmoren als anbraten. Die verbliebene Feuchtigkeit sorgt immer für einen dünnen Flüssigkeitsfilm. Nach ein paar Minuten das stark reduzierte Einweichwasser, Wein (Silvaner, Ruländer) sowie die Hälfte Sahne zufügen, zehn Minuten lang köcheln lassen. Schließlich unter die sämige, hellbraune Morchelsauce den Rest der steifgeschlagenen Sahne ziehen – fertig ist der Hauptdarsteller.

In der Zwischenzeit haben Sie Spargel und Blätterteig vorbereitet. Für den Knusperteig die Tiefkühltaschen etwas antauen lassen, mit Butter bestreichen, übereinander legen, ausrollen, Quadrate von etwa zehn Zentimeter Kantenlänge daraus schneiden, mit Eigelb bestreichen. Auf ein Backblech mit Trennpapier legen und nach Vorschrift backen.

Den Spargel mindestens ab halber Stangenhöhe schälen. In Salzwasser knapp kochen. Den Gargrad ermittelt man immer noch am besten durch Probieren. Das schmeckt und verhindert unliebsame Überraschungen. Die gegarten Spargel auf einem Küchentuch abtrocknen. Das ist wichtig, weil feuchter Spargel den so mühsam knusprig bekommenen Blätterteig in eine matschige Angelegenheit verwandeln würde.

Die Blätterteigkissen aufschneiden, den Boden auf einen vorgewärmten Teller legen. Die Spargelstangen und einige Morcheln darauf plazieren, den Deckel drauflegen. Das Blätterteigkissen mit der Morchelsauce und den restlichen Pilzen umgießen. Genuss pur steht nun auf dem Programm. Dazu würde ich am liebsten einen Silvaner aus Franken trinken, der mit seiner erdigen Note perfekt zu den Pilzen und der Sauce paßt.

Spargelsuppe

mit der Schärfe von Cayenne

Von nichts kommt nichts – das gilt für Gemüsesuppen ganz besonders. Da muß reell Gemüse ran, damit es auch nach Gemüse schmeckt. Eine gute Suppe ist keine Billigküche, sie erfordert genausoviel Einsatz und Mühe wie der meist viel höher angesehene Hauptgang.

Wer in der Spargelzeit viel Spargel ißt, hat gut lachen. Dann ist eine Spargelbrühe fast wie selbstverständlich im Haus. Wenn beispielsweise am Sonntag für die Familie Spargel auf den Tisch kommt, wird gleich ein Pfund der weißen Stangen mehr eingekauft, diese Menge rechne ich für die Suppe.

Zunächst wird der gesamte Spargel sorgfältig geschält, die unteren Enden nicht zu kanpp abschneiden. Alle Schalen und Abschnitte wandern in einen großen Topf, werden mit Wasser bedeckt und in 15, 20 Minuten ausgekocht. Die Brühe durch ein feines Sieb geben.

Nun säbele ich von meinem Stangenspargel jeweils ein paar Zentimeter ab, insgesamt die besagten 500 Gramm. Das bringt neben der Suppenbasis den Vorteil, daß die Stangen jetzt in jeden größeren Kochtopf und auf normale Teller passen.

Wenn es die Suppe erst am Tag nach dem Spargelessen geben soll, dann gare ich in der leicht gesalzenen Brühe die Stangen und mache die Suppenbasis so wieder ein Stück kräftiger. Soll's die Suppe vor dem Stangenspargel geben, dann bereite ich die Suppe getrennt vom Spargel des Hauptgangs.

Weiter geht's mit der Suppenproduktion. In der Brühe gare ich die Spargelstückchen. Ausnahmsweise nicht mit ein bißchen Biss, sondern ruhig schlabberweich. Denn die Einlage soll jetzt richtig durchgemixt werden und der Suppe so zu einer feinen Sämigkeit verhelfen. Diese Arbeit können Sie im Mixer oder aber mit dem Pürierstab erledigen. Das feinste aller Gemüse ist jedoch ein hartnäckiges Zeug, die faserige Struktur läßt sich auch mit dem schärfsten Messer nur schwer zerstören. Eine Spargelsuppe wird deshalb auch nicht so glatt und fein wie beispielsweise ein Süppchen von Kartoffeln oder Erbsen. Da muß schon ein paar Minuten gemixt werden.

Gießen Sie die Suppe anschließend bloß nicht durch ein feines Sieb, dann würden Sie fast das gesamte Gemüse wieder zurückhalten. Ich fische einfach mit einer Schaumkelle durch die weiße Suppe und hebe so eventuell doch noch übriggebliebenes Spargelholz heraus. Vier-, fünfmal angeln, dann ist diese kleine Mühe erledigt.

Wer seinen Gästen oder sich selbst auch in einer Spargelsuppe etwas zu beißen anbieten will, der spendiert ein paar Spargelköpfe, gart sie vorsichtig und gibt sie in die Suppe. Aber wie gesagt: Das ist kein Muß.

Die Suppe wird nun bei Bedarf etwas reduziert oder verlängert. Ein bißchen Sahne dazu – und dann folgt das wichtige Finale.

Abgeschmeckt wird mit Salz, Pfeffer, Zitrone und Muskat. Wer einen Hauch Schärfe (aber bitte nur einen Hauch) ins Spiel bringen will, nimmt dazu Cayenne.

Zutaten (4 Personen):

500 g	Spargelabschnitte
1 l	Spargelbrühe
0,1 l	Sahne
	Zitrone
	Muskat
	Cayenne
	Pfeffer, Salz

Sauce Mousseline

als köstliche Begleiterin von frischem Spargel

Zutaten (4 Personen):

120 g	Butter
2 EL	steife Schlagsahne
2	Eigelb
1	Bund Kerbel
1/2	Zitrone
	Weißwein
	Muskat
	Pfeffer, Salz

Eine Voraussetzung für den reinen Spargelgenuß ist: Das edle Gemüse muß möglichst taufrisch, also eben gestochen sein. Da sind die selbstvermarktenden Bauern ab Hof unschlagbar.

Inzwischen haben Sie Ihre gesamte Bande zum Schälen rangekriegt. Das ist nicht gerade das unterhaltsamste Programm, aber gemeinsam ist die Vorarbeit schnell erledigt. Aber sorgfältig bitteschön. Wer beißt schon gern auf einem halben Wald herum.

Jetzt stellt sich wieder einmal die Frage nach der idealen Begleitung. Für mich ist sie seit Jahren entschieden. Junge Kartoffeln und eine Sauce Hollandaise. Kein Schinken, kein Schnitzel, einfach nur Spargel.

Heute stelle ich Ihnen eine leichte Abwandlung der Sauce Hollandaise vor, die Sauce Mousseline. Die wird durch die Zugabe von geschlagener Sahne etwas flüssiger, erscheint leichter. Bei nüchterner Betrachtung ist jedoch auch sie eine Kalorienbombe. Aber ich lasse das Fleisch ja weg. Für viele Hausfrauen und Hobbyköche ist die frisch aufgeschlagene Sauce Hollandaise immer noch ein Schreckgespenst. Aus Angst vor dem geronnenen Pamps im Topf gießen sie lieber mäßige bis unsägliche Fertigprodukte über das herrliche Gemüse. Dabei ist das Selbermachen halb so wild – wenn eine einzige Regel beachtet wird: nie zuviel Hitze.

Das läßt sich am besten beherzigen, wenn die Sauce im Wasserbad oder über Dampf ausgeschlagen wird. Ich bevorzuge die Dampfmethode, weil der Topf mit der Sauce nicht unmittelbar mit dem heißen Wasser in Berührung kommt. Ich fülle in einen normalen Kochtopf ein paar Zentrimeter hoch Wasser ein und bringe es zum Kochen. In diesen Topf kommt eine Rührschüssel mit gleichen Durchmesser, Sie können auch einen deutlich größeren Schneekessel nehmen. Die Eigelbe vermische ich mit etwas Saft der halben Zitrone, einem Schuß Weißwein sowie Pfeffer und Salz. In einem zweiten Topf habe ich inzwischen die Butter geschmolzen, nun wird's ernst.

Ab mit der Rührschüssel auf das dampfende Wasser. Zunächst gebe ich einen Tropfen Butter zu, rühre gleichmäßig mit dem Schneebesen. Dann ein paar Tropfen, dann einen kleinen Schluck. Schließlich lasse ich die Butter in dünnem Strahl in den Topf laufen. Nun muß fleißig gerührt werden. Mindestens alle halbe Minute stecke ich einen Finger in die langsam wärmer und damit sämiger werdende Masse.

Das Hitzegefühl darf nie unangenehm werden – dann wäre alles vorbei. Aber mit kontrollierter Hitze kommen Sie sicher zu einem guten Ergebnis. So richtig gut wird sie allerdings erst durch sorgfältiges Abschmecken. Salz, Pfeffer, Muskat, Zitrone sind die Zutaten. Jetzt die Schlagsahne untergehoben, und schon haben Sie die köstlichste Spargelsauce der Welt. Davon darf es ruhig ein bißchen mehr sein. Wer die Abwechslung liebt, läßt Muskat weg und gibt gehackten Kerbel an die Sauce Mousseline.

Stellt sich zum Schluss wieder die Weinfrage. Meine Favoriten sind deutsche Silvaner, Pouilly Fumé, gute Orvietos und Sauvignon blanc beispielsweise aus Chile oder Südafrika.

Fleisch

10-Stunden-Lammkeule

Mit der Langzeitmethode wird das Fleisch zart und saftig

Zutaten:

Lammkeule
diverse Kräuter
Olivenöl

Zutaten Sauce:

1	Bund Suppengrün
1/2	Fl. Rotwein
1	Lorbeerblatt
	Zwiebeln
	Tomatenmark
	Petersilienwurzel
	Traubenkernöl

Auf den ersten Blick klingt es unglaublich: Da schiebt ein Mensch den Braten zehn Stunden bevor die Gäste kommen in den Ofen, und dann ist das Ding auch noch zart und saftig. Wer nicht glauben will, muß nachkochen – in diesem Fall eine entbeinte Lammkeule.

Die lasse ich mir vom Schlachter vorbereiten. Der Knochen wird so ausgelöst, daß das Fleisch anschließend immer noch zusammenhängt. Ein nicht aufgerollter Rollbraten sozusagen. Den Knochen lasse ich mir in kleine Stückchen sägen und die nehme ich ebenfalls mit nach Hause, denn das wird ein guter Fond für die Sauce. Ach, und eines hätte ich fast vergessen. Kaufen Sie auch noch eine Rolle Schlachterfaden ein, um aus dem Fleischlappen später eine Rolle binden zu können.

Das Fleisch wird sorgfältig von Fett, Sehnen und Häuten befreit. Nach dieser Prozedur sollte es möglichst schier sein. Nun liegt es platt vor mir auf der Arbeitsplatte und wird gewürzt: Salz, Pfeffer aus der Mühle und eine ganze Menge Kräuter. Estragon, Petersilie, Schnittlauch, Thymian und so weiter. Möglichst viele Kräuter sollten es sein.

Und wenn es die derzeit nicht unbedingt frisch zu kaufen gibt, können Sie auf zwei, drei Päckchen tiefgekühlte gemischte Kräuter zurückgreifen. Den Packungsinhalt rühre ich mit etwas Olivenöl zu einem dicklichen Pamps. Presse ein bis zwei Knoblauchzehen dazu und streiche die Kräutermischung auf das Fleisch. dann rolle ich meinen Lammbraten mit der Kräuterfüllung auf und binde ihn mit dem Schlachterfaden wie einen Rollbraten stramm zusammen.

In Olivenöl wird die Lammkeule rundherum kräftig angebraten. Den Backofen heize ich auf 80 Grad. Das ist die schonendste Temperatur, der Sie Ihr Fleisch aussetzen können.

Es dauert Stunden, bis die aufgerollte Keule zartrosa serviert werden kann. Der Vorteil der Niedrig-Temperatur-Methode besteht darin, daß die Fleischfasern nicht brutaler Hitze ausgesetzt werden. Die sanfte Tour im Ofenrohr führt zu unübertroffen guten Ergebnissen.

Auf ein paar Stunden mehr oder weniger kommt es dabei nicht an. Ab einem gewissen Gargrad verändert sich das Fleisch nämlich nicht mehr. Die Langzeitmethode eignet sich besonders für große Braten, zum Beispiel eine Hochrippe oder ein Stück aus der Keule.

Während die Lammkeule sacht vor sich hin gart, bereiten Sie die Basis für die Sauce zu. Neben den Knochen, den Sehnen, Häuten und Abschnitten brauchen Sie ein Bund Suppengrün, Zwiebeln, ein Lorbeerblatt, Pfefferkörner, etwas Tomatenmark, eine halbe Flasche Rotwein und Wasser. Die Röstgemüse (Karotte, Porree, Sellerie, Zwiebeln, Petersilienwurzel) werden in Streifen beziehungsweise Würfel geschnitten.

Zunächst die Knochen in Traubenkernöl kräftig anbraten. Dann das Röstgemüse zufügen, die Hitze reduzieren. Die Gemüse, insbesondere die Zwiebeln, dürfen keinesfalls schwarz werden. Den Rotwein zugießen und dann soviel Wasser zugeben, daß der Topfinhalt gerade bedeckt ist. Langsam zum Sieden bringen und mehrfach den Schaum abschöpfen. Erst jetzt die Gewürze zufügen. Die Brühe zwei, drei Stunden sachte simmern lassen. Den Fond durch ein grobes und anschließend durch ein feines Sieb geben. Abkühlen lassen, dann in den Kühlschrank stellen.

So läßt sich die Fettschicht nach einiger Zeit mühelos abheben.

Eine halbe Stunde, bevor Sie den Braten servieren wollen, beginnt der Endspurt am Herd. Der Fond wird bei großer Hitze kräftikg eingekocht und sorgfältig abgeschmeckt. Ganz zum Schluß schlagen Sie eiskalte Butterwürfel kräftig unter die Sauce. Möglicherweise noch einmal nachwürzen.

Nun müssen Sie nur noch den Braten aus dem Band tüdeln – dann wird er aufgeschnitten und serviert. Und wenn Sie dann erzählen, daß das Ding schon zehn Stunden im Ofen hinter sich hat, dann glaubt Ihnen das niemand. Sie wissen's besser ...

Dazu schmeckt ein Ragout von roten, gelben und grünen Paprikaschoten. Die müssen auf jeden Fall abgezogen werden, und das macht etwas Arbeit. Doch die Mühe lohnt sich. Schneiden Sie das Fruchtfleisch in Rauten, dann sieht es auch noch hübsch aus. Das Gemüse wird in Olivenöl gebraten, mit Salz, Pfeffer und Zucker abgeschmeckt – und dann kann gegessen werden. Zur Feier des Tages sollten Sie im Weinregal nach einem kräftigen, reifen Wein suchen. Die Lammkeule hat einen solchen Begleiter verdient.

Braten aus der Kalbsnuß

mit Zuckerschoten und Bandnudeln

**Zutaten
(6-8 Personen):**

1 kg	Kalbsnuß
500 g	rosa Champignons
500 g	Zuckerschoten
10 g	getrocknete Steinpilze
0,4 l	Kalbsfond
2	Schalotten
1	Zehe Knoblauch
	Bandnudeln
	Öl
	Butter
	Sahne
	Pfeffer, Salz

Ich kann mich täuschen, aber irgendwie habe ich das Gefühl, daß der Kälbermastskandal vor ein paar Jahren doch heilsame Wirkung gezeigt hat. Heute gibt es einen Braten aus der Kalbsnuß. Das ist das schiere Stück, aus dem ich zur warmen Jahreszeit gern ein Vitello tonnato zubereite, gekochtes Fleisch mit Thunfisch-Kapern-Sauce.

Doch wenn es mit der Wäme draußen noch nicht so weit ist, gibt's die Nuß aus dem Backofen. Da große Braten saftiger bleiben als kleine, bereite ich dieses Gericht gleich für sechs bis acht Personen zu, wenn es nicht aufgegessen wird, kann der Rest eingefroren werden.

Zum Thema Kalbfleisch noch eine Anmerkung: Kaufen Sie bei einem Schlachter, dem Sie vertrauen. Einem Fachmann, der vielleicht sogar weiß, wo seine Ware herkommt. Meine Gesundheit und die meiner Familie sind mir mehr wert als die paar Groschen, die ich bei Billigfleisch sparen kann.

Der Kalbsfond kann aus dem Glas kommen, besser ist selbstverständlich der selbstgemachte, den ich übrigens immer portionsweise eingeforen im Tiefkühler habe. Ein langer Winterabend, viele kleingesägte Kalbsknochen, viel Gemüse und Gewürze, Rotwein und ein paar Stunden Zeit – fertig ist der Kalbsfond. Die bestens parierte Kalbsnuß würze ich mit Pfeffer und Salz, brate sie auf dem Herd in der Pfanne rundherum goldgelb an und schiebe sie dann in den auf 180 Grad vorgeheizten Backofen. Klappe zu und anderthalb Stunden warten. Ein Fleischthermometer erleichtert die Garkontrolle, um 80 Grad sollte der Kern heiß sein, dann ist das Fleisch richtig.

In der Zwischenzeit kümmere ich mich um die Beilagen. Die Steinpilze in lauwarmem Wasser einweichen. Die Champignons putzen und vierteln. Von den Zuckerschoten die Enden abschneiden, eventuell auch die Längsfäden entfernen.

In Butter zwei gewürfelte Schalotten und eine Knoblauchzehe sanft anbraten. Die gut ausgedrückten Steinpilze und die Champignonwürfel zugeben. Nach ein paar Minuten den Kalbsfond und das durchgesiebte Einweichwasser der Steinpilze zugeben. Die Sauce mit den Pilzen kräftig reduzieren, zum Schluss zwei, drei Esslöffel geschlagene Sahne unterheben. Würzen nicht vergessen.

Die Zuckerschoten in Salzwasser knapp garen, abgießen, in Butter schwenken. Die Nudeln in Salzwasser al dente kochen, abgießen und ebenfalls mit einem Stück Butter veredeln.

Den Kalbsbraten im ausgeschalteten Ofen bei geöffneter Tür zehn Minuten ruhen lassen, mehrfach mit zwei Löffeln umdrehen, so wird das Fleisch nicht verletzt und der Saft läuft nicht aus. Die Kalbsnuß aufschneiden, die Scheiben salzen und pfeffern, auf einer vorgewärmten Platte anrichten. Mit den Pilzen und etwas Sauce umgießen.

Und weil es heute ein wunderschöner Tag mit einem ebensolchen Essen ist, ziehe ich meine Spendierhosen an und öffne eine dem Gericht angemessene Flasche Wein. Ein weißer Burgunder aus einer besseren Lage von einem guten Produzenten soll es sein.

Entenbrust und Entenkeulen

in zwei feinen Gängen serviert

Ich serviere die Ente diesmal in zwei Gängen. Das kommt dem Vogel sehr entgegen, denn Brust und Keulen haben unterschiedliche Garzeiten. Gang eins: Die Brüste werden ausgelöst, in Scheiben geschnitten und auf Spitzkohl mit Champignons serviert. Gang zwei: Die Keulen kommen zusammen mit krossen Kartoffelchips auf den Tisch – selbstgemachten, versteht sich.

Bei der Auswahl der Ente kommt es zunächst einmal auf einen seriösen Produzenten an. Haben Sie den, dann schauen Sie nach einer Pekingente. Die Weibchen haben fleischigere Brüste, die Männchen bringen mehr Gewicht auf die Waage. Bitte wählen Sie!

Den Vogel waschen, trockentupfen, von innen und außen salzen und pfeffern. In den Bauch kommen geschälte, gewürfelte Zwiebeln sowie einige zerkleinerte Boskop-Äpfel. Die Haut mit einer scharfzinkigen Gabel überall einstechen, so kann das Fett besser ausbraten.

Mit einer Mischung aus Butter und Traubenkernöl einpinseln und ab in den auf 250 Grad vorgeheizten Backofen damit. Bereits nach einer Viertelstunde können Sie die Hitze auf 180 Grad reduzieren. Glauben Sie bei den Temperaturen nicht blind dem Thermostaten Ihres Herdes, die meisten flunkern etliche Grade dazu. Am besten mal mit einem Backthermometer überprüfen.

In der Zwischenzeit geht es an die erste Beilage. Den Spitzkohl in Blättern vom Strunk schneiden und die dicken Rippen entfernen. Die Kohlblätter in Salzwasser blanchieren, eis-

kalt abschrecken, sorgfältig abtrocknen und in Streifen schneiden. Zwei Schalotten in Butter anschwitzen, die Spitzkohlstreifen zufügen, einen kleinen Schluck Weißwein angießen, Deckel drauf, kanpp garen. Mit Salz und Pfeffer würzen.

In einer großen Pfanne die geputzten, geviertelten Champignons in einer Mischung aus Traubenkernöl und Butter scharf anbraten. Pfeffer und Salz sowie ein Spritzer Zitrone sorgen für Würze. Spitzkohl und Pilze vermischen und auf vorgewärmten Tellern als Bett anrichten.

Ihre Vorbereitung sollten Sie so einrichten, daß das Gemüse etwa zeitgleich mit der Brust fertig ist, das dürfte je nach Entengröße nach 60 bis 90 Minuten der Fall sein. Die Ente soll durchgebraten, auf keinen Fall rosa sein. Brüste und Keulen auslösen.

Die Karkasse, also das Gerippe, wird entweder zu einer Entenbrühe verarbeitet oder als Fond für die nächste Entensauce vorbereitet. Ein solcher entfetteter Fond, den Sie aus dem Tiefkühlschrank zaubern, ist auch die Grundlage für eine kurze Sauce zu Brust und Keule. Mit Saucenorgien dürfen Sie allerdings angesichts der kleinen Mengen nicht rechnen, das ist eher was zum Anfeuchten.

Apropos anfeuchten: Zur Feier des Entenfestes darf ruhig ein Rotwein der besseren Art aufgezogen werden. Ich würde einen Rioja, einen Chianti classico, einen Cru Bourgois aus dem Bordelais oder einen guten Côtes du Rhônes auf den Tisch stellen.

Zutaten (4 Personen):

2	frische Bauernenten
1 kg	Spitzkohl
500 g	rosa Champignons
2	Zwiebeln
2	säuerliche Äpfel
2	Schalotten
	Kartoffeln
	Butter
	Traubenkernöl
	Weißwein
	Zitrone
	Pfeffer, Salz

Falscher Hase

mit Porree à la crème und ein paar neuen Kartoffeln

Von meinen Hackbraten werden acht Leute satt, wenn sie nicht völlig ausgehungert sind. Sie können jedoch auch einen Teil am Tag der Zubereitung verspeisen, weitere Portionen werden eingefroren. Ein kleineres Stück »Wildbret« zuzubereiten, kann ich nicht empfehlen, diese Mini-Braten werden einfach zu schnell trocken – genau dann sind sie kein Genuss mehr. Der richtige falsche Hase ist zwar durchgegart, aber noch saftig.

Die Zwiebeln pellen und fein würfeln, die Knoblauchzehen pellen und durchpressen. Mit den beiden Sorten Mett, den Eiern sowie den eingeweichten und ausgedrückten Brötchen verkneten. Das war allerdings erst das Grobe, die Feinabstimmung oder die Entscheidung über »geht so« oder »spitzenmäßig« fällt nämlich beim Würzen. Salz und Pfeffer aus der Mühle – das sind Selbstverständlichkeiten.

Doch jetzt wird es kniffliger. Wonach soll der Hase schmecken? Ich schlage zunächst einmal eine reelle Portion Senf vor. Nicht eine Prise, sondern ein Esslöffel darf's vom Mittelscharfen schon sein. Vorsichtige Naturen fangen mit ein, zwei Teelöffeln an und erhöhen die Dosis nach dem Probieren. Sehr gut paßt auch Thymian, auch hier sollten Sie nicht zu ängstlich sein. Ein Tip noch zum Abschmecken: Die Würzung roher Fleischfarcen läßt sich nur schwer beurteilen. sicherer ist die Klößchen-Methode. Dafür stechen Sie von der Masse ein teelöffelkleines Bällchen ab und lassen es in siedendem Wasser garziehen. Nur so ergibt sich ein Geschmacksbild wie beim fertigen Braten. Doch nIcht nur die Menge der verwendeten Gewürze eignet sich zum Experimentieren. Weshalb geben Sie Ihrem falschen Hasen nicht einmal eine deutliche Koriander-Note? Oder à la Toskana mit Salbei und Rosmarin? Nur legen Sie sich bitte auf eine Grundwürzung fest, der Marsch durch alle Gewürzstreuer in der Küche macht noch lange keinen guten Geschmack.

Sie haben nun Ihren falschen Hasen abgeschmeckt und formen daraus einen länglichrunden Laib. Wie es sich für edles Wild gehört, wird der Hackbraten mit Scheiben vom Frühstücksspeck abgedeckt, auch das dient der Saftigkeit. Der Backofen wurde auf 200 Grad vorgeheizt, dorthinein kommt der Megaklops in einem Bratgeschirr ohne Deckel. Nach einer halben Stunde gießen Sie 0,2 Liter Brühe und 0,1 Liter Sahne an und lassen den schweren Jungen noch einmal eine halbe Stunde garen.

Die Garprobe ist so simpel wie zuverlässig. Eine Spicknadel in die Mitte des Bratens schieben und dort etwa 15 Sekungen belassen. Herausziehen und auf das empfindliche Hautstück zwischen Unterlippe und Kinn halten. Ist die Nadel noch kalt, muß der Braten weiter im Rohr bleiben. Ist sie so warm, daß Sie es ohne Schmerzgefühl aushalten können, kann serviert werden.

Der falsche Hase wird aufgeschnitten und warmgehalten, der Bratfond etwas reduziert. Dazu gibt es neue Kartoffeln und Porreeringe à la crème. Die gewaschenen Porreeringe in Butter anschwitzen, mit etwas Weißwein ablöschen und die Flüssigkeit verkochen lassen. Mit etwas Sahne auffüllen und leicht köcheln lassen. Auf die gewünschte Flüssigkeitsmenge reduzieren, das gegarte Gemüse mit Salz, Pfeffer und einer Spur Curry würzen.

Frikadellen

vom Rind und vom Schwein

Puh, die Feiertage mit all ihren Kalorienbomben aus Küche und Keller sind vorbei, und die Waage zeigt – zumindest bei mir – ein paar Pfündchen mehr. Doch die kriegt man auch wieder runter. So habe ich mir gedacht, daß nach Wachteln und Entenbrüsten eigentlich einmal ein Kontrastprogramm fällig wäre. Was bei mir in der Küche jedoch nicht heißt, daß jetzt Saucenpulver, Wasser und Kartoffeln angesagt wären. Nein, Qualität soll weiterhin auf den Tisch kommen, und da sind Frikadellen auch für Feinschmecker nicht zu verachten. Natürlich meine ich damit andere Fleischbrotbratklopse als diejenigen, die so oft als staubtrockene Ungetüme an Imbissen oder in Kneipen angeboten werden.

Erste Grundsubstanz einer guten Frikadelle ist durchgedrehtes Fleisch. Grundsätzlich kann das von Rind, Schwein, Kalb, Lamm, Wild, Geflügel oder auch Fisch verwendet werden. Ich will mich heute auf Rind und Schwein beschränken und bevorzuge für meine »Dellos« halb Schwein, halb Rind, andere Mischungsverhältnisse sind denkbar. Zum Fleisch geben Sie pro Pfund ein bis zwei Eier, ein bis zwei eingeweichte ausgedrückte Brötchen ohne Rinde, in Butter gedünstete Zwiebelwürfel. Wer jetzt die Tube mit den Zwiebelwürfeln in die Hand nimmt, bekommt von mir die gelbe Karte.

So, die Grundmasse steht, es folgt der eigentliche Kochspaß, denn nun geht's ans Würzen: Die Frikadellen bekommen ihren Charakter. Charakter heißt nicht, von möglichst vielen Gewürzen eine Prise ans Fleisch zu geben. Charakter heißt für mich, mit einem Gewürz die Richtung zu bestimmen.

Probieren Sie doch einmal Senffrikadellen. Dann gehört an den Teig neben Pfeffer und Salz eben ein ordentlicher Schlag Senf. Oder probieren Sie Kräuterfrikadellen. Dazu werfen Sie gleich eine ganze Ladung Thymian oder Provenzmischung an Ihr Mett. Knoblauchfans haben gerade bei Klopsen ein hervorragendes Betätigungsfeld. Der eigentliche Knackpunkt, an dem sich entscheidet, ob die Buletten schmecken oder nur so lala sind, ist die Braterei. Und da wirken die Pfanne, das Fett, die Hitze, die Frikadellengröße, die Bratzeit und die Masse aufeinander ein. Wird einer der Faktoren verändert, liegen andere Frikadellen auf dem Teller.

Viele Köchinnen schwören auf Butterschmalz, andere auf Öl und wieder andere auf Kokosfett. Was Sie auch nehmen – ein gutes Fett sollte es sein. Und was für eine Pfanne? Auch da scheiden sich die Geister. Viele stehen auf der guten alten schweren Gußpfanne, andere nehmen lieber eine Edelstahlpfanne, wieder andere Köchinnen legen für die beschichtete Pfanne die Hand ins Feuer. Ich mach aus meiner Abneigung gegen die Teflons und Co. keinen Hehl, mögen die Gründe auch subjektiv sein.

Worin Sie mit welchem Fett auch braten, bleiben Sie Ihrer Methode treu, wenn Sie einmal ein gutes Ergebnis erzielt haben. Und wenn die Frikadellen so verlockend duftend auf dem Teller liegen, dann sollte Ihnen die Sauce dazu auch ein bißchen mehr Mühe wert sein, als der Griff zur Ketchupflasche.

Zutaten:

500 g	Mett, halb und halb
2	Eier
2	Brötchen vom Vortag
1	Zwiebel
	Gemüse nach Wahl

Geschmorte Poularde

mit vielen Gemüsen und Aromen des Südens

Zutaten (4 Personen):

1	Poularde um 1,8 kg
500 g	Kartoffeln
200 g	Champignons
4	Tomaten
2	Zucchini
2	Zwiebeln
2	Knoblauchzehen
2	Paprika (gelb und rot)
	Hühnerbrühe
	schwarze Oliven
	Rosmarin
	Salbei
	Pfeffer, Salz

Manche Tage im Frühjahr geben uns schon einen kleinen Vorgeschmack darauf, wie ein richtiger Sommer aussehen könnte. Laue Luft, vollbesetzte Tische in den Freiluftlokalen, Horden von Radlern. Keine Spur mehr von Kohl und Pinkel, dafür die Sehnsucht nach Frische, Leichtigkeit und fast schwerelosem Genuss.

Vielleicht kann ich ja mit meinem leichten, farbenprächtigen und aromatischen Rezept auch für heute einen Sommertag im Frühling herbeischreiben, für die Zutaten müßten Sie allerdings selbst sorgen. Leicht läßt sich die Zutatenliste für acht Personen verdoppeln, bei der Auswahl der Gemüse können Sie Ihrer Kreativität freien Lauf lassen. Vielleicht etwas Fenchel dazu oder Auberginen, Thymian würde als Kraut auch gut passen.

Die abgespülte Poularde wird zunächst zerlegt. Die Schenkel teile ich in Ober- und Unterkeule, aus dem Oberteil löse ich den Knochen raus. Die Brusthälften werden je nach Größe in je zwei oder drei Teile geschnitten. Von den Flügeln nehme ich allenfalls das dickste Stück. Die Haut entferne ich komplett wegen des Fetts und des Cholesterins, aber auch deshalb, weil geschmorte Hühnerpelle wabbelig und unappetitlich ist. Häute, Flügel und Gerippe kommen zusammen mit Suppengemüse, einer Zwiebel in einen Suppentopf. Mit Wasser auffüllen, aufkochen, abschäumen, Gewürze zugeben, zwei Stunden köcheln lassen, durchsieben, entfetten – fertig ist die Hühnerbrühe.

Die längste Zeit der Vorbereitung geht für die Putzerei und Schnippelei der Gemüse drauf. Tomaten überbrühen, abschrecken, enthäuten, entkernen, das Fruchtfleisch in grobe Streifen schneiden. Die Paprika werden sorgfältig entkernt und mit dem Sparschäler geschält. Ebenfalls in Streifen schneiden. Jedes Gemüse kommt in ein Extra-Schüsselchen und wird am Herd bereitgestellt. Mis en place nennen die Profiköche diese perfekte Vorbereitung des eigentlichen Kochens.

Weiter geht's im Text. Zwiebeln schälen und achteln, Knoblauch schälen, in feine Scheiben säbeln. Zucchini waschen, halbieren, mit einem Teelöffel das wässerige Innenleben wegschaben und die Früchte dann grob würfeln. Ins nächste Schälchen kommen die geviertelten rosa Champignons, ein weiteres ist für die zuvor entsteinten schwarzen Oliven.

Schließlich koche ich die Kartoffeln knapp gar, pelle sie und schneide sie in Würfel. Bei ganz jungen Erdäpfeln reicht es meist aus, daß die Schale kräftig gebürstet wird. Was muß noch bereitgestellt werden? Pfeffer, Salz, na klar. Und frische Kräuter natürlich. Salbei und Rosmarin, vielleicht auch Thymian werden gewaschen und gezupft, aber noch nicht gehackt, das passiert erst kurz vor der Verwendung, damit die tollen Aromen nicht verschwendet werden. Die sollen nämlich das Essen und nicht die Küchenluft würzen.

So, die Schürze enger geschnürt, jetzt geht es mit der Anbraterei los. Ich nehme dafür wegen des mediterranen Aromas feines Olivenöl.

Zuerst alle Hühnchenteile in wenig Öl goldbraun anbraten und in eine große feuerfeste Form legen, in der später auch geschmort wird und die auf den Tisch kommt. Das Bratöl weggießen, mit einem Viertelliter Hühnerbrühe die Pfanne ablöschen, aufkochen lassen, mit etwas Tomatenmark aromatisieren und über das Fleisch gießen.

In neuem Öl nacheinander Zwiebeln, Knoblauch, Zucchini, Pilze, Paprika und schließlich auch die Kartoffeln anbraten – die Reihenfolge können Sie beliebig wählen.

Jeweils mit Salz und Pfeffer würzen. Zwiebeln, Knoblauch, Pilze, Paprika, Zucchini und Kartoffeln bunt um das Fleisch streuen und die mit Alufolie abgedeckte Form in den auf 200 Grad vorgeheizten Ofen schieben. Nach einem Erfrischungsschlückchen die Kräuter fein hacken.

Etwa nach 20 Minuten die Form kurz aus dem Ofen nehmen. Tomatenstreifen, entkernte Oliven sowie die Kräuter gut verteilen und alles einmal durchmischen. Die Hitze auf 230 Grad erhöhen und das Gericht weitere zehn Minuten offen garen.

Inzwischen ist der Tisch – vielleicht sogar im Freien – gedeckt, die Form wird aufgetragen. Erstes Staunen über den betörenden Duft, zweites Staunen über die Farbigkeit, drittes Staunen über den südlichen Geschmack. Und dann sind Sie als Koch oder Köchin mit dem Staunen dran – nämlich über die affenartige Geschwindigkeit, in der das leichte, bunte Huhn vertilgt wird.

Gulasch mit Steinpilzen

Zutaten (4 Personen):

1,5 kg	Gulasch (halb Rind, halb Schwein)
1,5 kg	Zwiebeln
500 g	rosa Champignons
50 g	getrocknete Steinpilze
	Butterschmalz
	Paprika edelsüß
	Rosenpaprika
	Cayenne
	Pfeffer, Salz

Gulasch ist ein unverwüstlicher Klassiker der bürgerlichen Küche. Ich kann mich noch an Sonntage in meiner Kindheit erinnern, da drang aus einigen Fenstern in der Nachbarschaft unwiderstehlicher Duft. Dieses Aroma läßt mir noch heute das Wasser im Mund zusammenlaufen. Wichtig ist bei diesem Fleischgericht besonders die Fleischqualität.

Wie immer an dieser Stelle mein Tip: Suchen Sie sich einen Schlachter, dem Sie vertrauen. Er soll Ihnen die beiden Sorten im Stück mitgeben. Zu Hause schneiden Sie alle Häute, Sehnen und was sonst noch an Überflüssigem dranhängt, sorgfältig ab. Das Fleisch wird gleichmäßig gewürfelt. Das ist wichtiger als Sie vielleicht denken, denn nur gleich große Fleischwürfel werden auch gleichmäßig gar. Das gilt übrigens nicht nur beim Gulasch, sondern auch für Gemüse aller Art.

Die aromatischen Pilze in lauwarmem Wasser einweichen. Sie geben dem Gulasch später ein hinreißendes Aroma. Und nun wünsche ich viel Vergnügen beim Zwiebelschälen. Nachdem Sie die Tränen getrocknet haben, geht's los mit der Anbraterei des Fleisches. Das mache ich in mehreren Partien in einer großen gußeisernen Pfanne. Als Fett nehme ich Traubenkernöl oder Butterschmalz. Das Öl ist fast neutral im Geschmack, das Butterschmalz hat einen deutlichen Butterton. Das Anbraten sollte bei ziemlich großer Hitze passieren. So bilden sich Röststoffe, die der Sauce die dunkle Farbe geben. Aber das Fleisch bitte nicht schwarz werden lassen!

Die Fleischstückchen werden leicht gesalzen, mit reichlich edelsüßem Paprika be-staubt und in einen Schmortopf verfrachtet. Anschließend die Zwiebeln bei deutlich geringerer Hitze goldgelb anschwitzen. Die kommen genauso zum Fleisch wie die geviertelten Champignons, die anschließend angebraten wurden. Das Fett aus der Pfanne weggießen und den Ansatz mit einem Liter trockenen, fruchtigen Rotwein ablöschen. Alle Rückstände sorgfältig losschaben. Zwei Esslöffel Tomatenmark zufügen. Die rötlich-braune Brühe zum Fleisch und den Zwiebeln geben.

Die eingeweichten Steinpilze werden ausgedrückt, gründlich gewaschen und zum Gulasch gegeben. Das sandige Einweichwasser filtern – und ab, in den Pott damit. Soviel Wasser (wenn notwendig) zufügen, daß Fleisch und Zwiebeln gerade bedeckt sind. Anderthalb Stunden sacht vor sich hin blubbern lassen. Wer will, preßt zwischendurch eine Knoblauchzehe ans Gulasch.

Kurz vor Ende der Garzeit wird nicht zu zaghaft abgeschmeckt. Mit Salz, Pfeffer, Rosenpaprika und Cayenne. Gerade bei den scharfen Sachen rate ich zur Vorsicht. Lieber zwei-, dreimal nachwürzen, als mit der vollen Dröhnung feurige Tatsachen schaffen. Noch mal der alte Küchentrick: Heiße Sauce probiert sich am besten von einer Untertasse.

Zum Gulasch passen Salzkartoffeln, Spätzle, Reis – die ganze Palette der Beilagen. Und ein Gläschen Rotwein kann auch heute nicht schaden.

Kaninchen

gefüllt mit Rosmarin und Salbei

Ähnlich wie Huhn und Kalb nimmt auch das weiße Kaninchenfleisch würzende Aromen begierig an, die Variationsbreite reicht von Senf oder Estragon bis Koriander oder süß-sauer. Ich möchte Ihnen heute eine Zubereitungsart vorstellen, die in der Toskana verbreitet ist und die einen Hauch von mediterraner Sommerfrische auch auf deutsche Teller bringt. Rosmarin und Salbei, die klassischen Kräuter zwischen Pisa und Siena, geben dem Kaninchen einen unverwechselbaren Charakter.

Das Kaninchen sorgfältig waschen, innen und außen trockentupfen. Eventuell vorhandene größere Fettfladen entfernen. Leber und Nieren können Sie für einen kleinen Vorspeisen-Salat verwenden, die Innereien müssen allerdings ganz frisch sein, sonst sind sie kein Genuss. Den Stallhasen lege ich auf den Rücken und streue seine Bauchhöhle mit Salz und Pfeffer aus.

Nun kommen zwei gepellte und gewürfelte Knoblauchzehen hinein sowie ein Strauß Rosmarin und Salbei. Sie können mit den Kräutern ruhig verschwenderisch umgehen, überwürzen läßt sich das von Haus aus eher nüchterne Kaninchenfleisch kaum. Mit Schlachterfaden wird das Tier nun zugebunden und kommt auf ein hochwandiges Backblech oder in eine Reine.

Um das Vieh streue ich gewürfelte Zwiebeln und Suppengrün, noch ein paar Zweige Rosmarin und Salbei dazu, zwei Blätter Lorbeer, einen nicht zu knappen Guß vom besten Olivenöl drüber – und ab damit in den auf 180 bis 200 Grad vorgeheizten Ofen. Spätestens

nach 20 Minuten laufen Kinder, Hund, Oma, Onkel, Tante und Nachbar zusammen, denn ein betörender Duft dringt aus der Küche. Jetzt drehen Sie den Braten um und gießen die Brühe oder den Fond an. Alle 20 Minuten wird geschöpft, nach einer Stunde die Hitze auf 150 Grad reduziert. Zu lange Garzeiten und zuviel Hitze machen dem saftigsten Kaninchen den Garaus.

Nach höchstens anderthalb Stunden kann gegessen werden. Das Fleisch ist jetzt mürbe und dennoch saftig. Der Schmorsud wird durchgesiebt und leicht reduziert. Gewürzt werden muß da wahrscheinlich gar nicht mehr, denn die Kräuter haben ein perfektes Werk vollbracht.

Als Beilage passen scharf gebratene rosa Champignons und gebratene Gnocchi. Das sind daumengroße Röllchen aus einer Mischung von durchgedrückten Kartoffeln, Mehl, Ei und Gewürzen.

Die Getränkefrage ist relativ einfach zu klären. Schmächtige Weinchen können sich gegen das Kräuter-Feuerwerk kaum behaupten, etwas Kräftiges darf es schon sein. Ob Rot oder Weiß ist in diesem Fall keine Glaubens-, sondern eine Geschmacksfrage. Ein Orvieto könnte Freude bereiten, wenn es denn einer der besseren Vertreter ist, mit einem Chianti Classico ist die Harmonie von Speise und Getränk auch gesichert.

Zutaten (4 Personen):

1	Hauskaninchen (ca. 2 kg)
1	Suppengrün
2	Knoblauchzehen
0,2 l	Hühnerbrühe oder Fond
	Olivenöl
	Rosmarin
	Salbei
	Lorbeer
	Pfeffer, Salz

Lammkeule

mit einer Sauce von Schafskäse und schwarzen Oliven

Zutaten (4 Personen):

2 kg	Lammkeule,
200 g	Schafskäse
150 g	schwarze Oliven
0,25 l	kräftiger Rotwein
2	Zwiebeln
1	Suppengrün
1	Tomate
	gemischte Kräuter
	Knoblauch
	Öl
	Pfeffer, Salz

Wenn die Lust auf ein paar wärmende Sonnenstrahlen und frisches Grün kaum noch zu verbergen ist, und auch in der Küche ein bißchen Sonnenschein nicht schaden könnte, kommt mir eine Lammkeule gerade recht, der ich mit Kräutern, Käse und Oliven schon mal einen kleinen Vorgeschmack auf den Frühling verpassen möchte.

Bei einem Blick auf mein Kräuterbeet habe ich festgestellt, daß Rosmarin, Thymian und Salbei gut über den Winter gekommen sind. Selbst wenn die Kräuter jetzt nicht das sonnenverwöhnte Aroma haben, besser als getrocknete sind sie allemal. Ganz gut kommen Sie auch mit einer Portion Tiefkühlkräuter über die Runden.

Für vier bis sechs Personen lasse ich mir beim Schlachter ein Stück um zwei Kilo vorbereiten. Eine kleinere Menge empfehle ich nicht, denn der große Braten gelingt einfach besser als ein Mini-Stück. Wenn was übrig bleibt, schmeckt es auch noch am nächsten Tag oder wandert in den Tiefkühlvorrat.

Sie können die Keule am Knochen garen, jedoch auch vom Schlachter ausbeinen lassen. Die zweite Methode hat den Vorteil, daß sich das Fleisch vor dem Verzehr besser schneiden läßt. Wie auch immer: Der Knochen gehört mit in den Schmortopf.

Solange ich keine ganze Keule zubereite, ziehe ich die Art mit dem ausgelösten Knochen vor. Das sauber parierte Fleisch wird abgespült, abgetrocknet und knapp mit Pfeffer und Salz gewürzt. Knoblauch-Süchtige können ein paar Zehen durchpressen und auf der Innenseite des Fleisches verteilen. Dorthin kommen auch die gezupften, gehackten Kräuter.

Mit Schlachterfaden binde ich die Keule zu einem handlichen Paket. Auf keinen Fall Kunststoffgarn nehmen – das gibt eine Katastrophe spätestens beim Anbraten.

Suppengemüse, Zwiebeln und Tomaten werden geputzt und gewürfelt. Das Fleisch und den Knochen in einem Bräter (je schwerer, desto besser) in Öl rundherum anbraten. Die geschnittenen Röstgemüse zufügen und etwas Farbe nehmen lassen. Mit dem Wein, beispielsweise einem Còtes du Rhones, ablöschen, Deckel drauf, kleines Feuer, zwei Stunden warten.

Doch in der Zwischenzeit ist nicht nur Müßiggang angesagt. Die Oliven müssen entsteint werden. Oder wollen Sie bei Tisch Kern für Kern ablutschen? Stecken Sie bei der Gelegenheit schon mal eine der schwarzen Früchte in den Mund, dann wissen Sie gleich, wieviel Salz dran ist. Auch den Schafskäse sollten Sie probieren. Dabei entscheidet sich, wieviel Salz Sie nachher noch an die Sauce streuen müssen.

Zwischendurch sehen Sie ab und zu nach dem sanft vor sich hin blubbernden Braten und drehen diesen alle halbe Stunde um. Bei Bedarf etwas Brühe oder heißes Wasser nachfüllen.

Der Endspurt naht. Den Braten aus dem Topf fischen und im Backofen warmstellen. Den Bratenfond durch ein Sieb in eine hochwandige Pfanne mit möglichst großem Durchmesser geben. Bei großer Oberfläche verdampft Flüssigkeit schneller als in einem schmalen Topf.

Die Schmorflüssigkeit wird kräftig einge-kocht, dann bei reduzierter Hitze der kleinge-schnittene Schafskäse zugefügt. Dabei gilt es aufzupassen! Der Käse darf nicht als dünne Schicht am Topfboden anbrennen. Am besten halten Sie den Boden der Pfanne ständig mit einem Gummischaber »sauber«. Die entstein-ten, halbierten Oliven zugeben und erst jetzt die würzige Sauce abschmecken. Wahrschein-lich werden Sie kein Salz mehr brauchen, allen-falls etwas Pfeffer.

Das Fleischpaket aufschnüren, in Scheiben schneiden und auf einer vorgewärmten Platte anrichten. Salz und Pfeffer nicht vergessen!

Als Beilage passen neue, gebratene Pellkar-toffeln, jedoch auch Bandnudeln. Beim Wein bleibe ich frühlings- und sonnenbewegt und entkorke einen der besseren Roten aus Frank-reichs Südwesten.

Raclette
– das traditionelle Schweizer Käse-Essen

Ob Fondue, heißer Stein, Wok, Tischgrill oder Raclette – all diese Utensilien haben eines gemeinsam: Sie versammeln eine Gästeschar um den Tisch zu einem zünftigen, urgemütlichen Essen. Bei diesen Gelegenheiten wird weder auf die Uhr noch auf die Kalorien geachtet. Am Ende ist es dann ganz schrecklich spät und jeder hat deutlich mehr gegessen, als es seinem Körper eigentlich zuträglich gewesen wäre.

Aber was soll's! Solche Völlerei wird ja nicht jede Woche dreimal veranstaltet, und ein bißchen Spass und Geselligkeit muß schließlich auch mal sein. Bei uns ist heute Raclette-Tag. Genau – das ist das einem Grill »ähnliche« Gerät in der Tischmitte, in dem Käse portionsweise geschmolzen wird. Ganz pfiffige Käsehändler verleihen solche Geräte inzwischen, garantiert der Verleih doch einen beträchtlichen Käseumsatz.

Ein billiges Vergnügen ist das traditionelle Schweizer Käse-Essen nicht, aber welches Vergnügen ist schon billig und macht so gründlich satt? Der Hauptakteur ist natürlich der Käse. 200 Gramm pro Nase sollten es schon sein. Ideal ist ein reifer, halbharter, milder Schweizer Käse aus Kuhmilch, der unter der Bezeichnung Raclette-Käse verkauft wird.

Lassen Sie den Käse am besten gleich in etwa einen halben Zentimeter dicke Scheiben schneidern. Wenn Ihr Händler eine milde und eine kräftigere Sorte hat, dann lassen Sie sich am besten halb und halb einpacken. Wollen Sie Ihren Käse selbst schneiden, so vergessen sie nicht, die Rinde mehr abzuschaben als abzuschneiden.

Als Beilagen eignen sich Pellkartoffeln, Gewürzgurken, Cornichons, Perlzwiebeln, Mixed Pickles und in Scheiben geschippelte rosa Champignons. Darüber hinaus sind weitere Beilagen denkbar, wie sie auch auf Pizzas vorkommen, zum Beispiel Salamischeiben, Kochschinkenwürfel und allerlei Meeresfrüchte.

Nun für diejenigen unter Ihnen kurz ans Gerät, die noch nie das Raclette-Vergnügen hatten. Unter der Grillschlange haben mehrere Pfännchen mit Stiel Platz. Sie sind meist beschichtet, so daß der geschmolzene Käse mit Holzspachteln leicht aus dem Pfännchen auf den Teller geschoben werden kann. Auf der Heizschlangenabdeckung hat der Topf mit den Pellkartoffeln Platz.

Bei der Zubereitung gibt es zwei Vorgehensweisen. Bei der ersten wird lediglich der Käse im Pfännchen geschmolzen und anschließend zu den gewünschten Beilagen auf einen vorgewärmten Teller gegeben.

Die zweite empfinde ich als attraktiver. Dabei werden die Pfännchen mit Kartoffelscheiben ausgelegt. Darauf kommen Salami, Schinken, Meeresfrüchte oder Champignons und obendrauf als krönender Abschluss eine Scheibe Käse. Den Belag allerdings nur so hoch aufschichten, daß er noch ins Gerät paßt. Ab unter die Heizschlange damit – und in wenigen Minuten kann der »Käse-Burger nach Schweizer Art« gegessen werden. Die sauersalzigen Beilagen werden selbstverständlich kalt dazu gereicht. Probieren Sie Ihre Lieblingsversion einfach aus.

Zwischendurch kann man auch ein paar Brotscheiben in die Pfännchen legen oder einfach nur mal ein gebuttertes Kartoffelscheibchen mit Käse überbacken. Die Variationsmöglichkeiten sind nur durch das persönliche Fassungsvermögen begrenzt. Den Rest geben sich die Unersättlichen, indem sie gegen Ende des Essens, wenn die ersten Mitesser schon das Besteck weggelegt haben, gleich mit zwei oder gar drei Pfännchen arbeiten. Aber ich wollte ja nicht aus der Trickkiste plaudern ...

Na klar, trocken geht es in der Runde beim Raclette auch nicht zu. In der Schweiz wird oft schwarzer Tee dazu getrunken. Noch häufiger natürlich Wein – aus der Schweiz, versteht sich. Nutzen Sie die Gelegenheit, und servieren Sie Ihren Gästen zum Schweizer Raclette doch auch Schweizer Weine, beispielsweise schlanke, leichte, junge, trockene Weißweine aus dem Wallis. Und für die Hardliner unter den Raclette-Freaks sollte ein Kirschwasser oder Obstler bereitstehen. Na dann Prost! Auf einen gemütlichen Abend beim Raclette. Es kann allerdings keine Haftung für nicht mehr passende Hosen oder Röcke übernommen werden.

Rehkeule

sanft gebraten mit Rotkohl

Zutaten (4 Personen):

2 kg	Rehkeule
1/2 Fl.	Rotwein
4	Kartoffelklöße
4	Nelken
3	Karotten
2	Zwiebeln
2	Lorbeerblätter
1	Paket TK-Rotkohl
1	Stange Lauch
1	Stück Sellerie
1	Knoblauchzehe
	Butter/Öl
	Crème fraiche
	Pfefferkörner
	Thymian
	Wacholder
	Piment

»Besonders starker Wildwechsel« las ich kürzlich auf einem Verkehrsschild an einer Kreisstraße. Und an was denkt ein Gourmet in solchen Situationen? Eigentlich gehört mal wieder ein Stück Wild auf den Tisch. Nicht – wenig waidgerecht – mit dem Auto erlegt, sondern von einem qualitätsbewußten Händler oder einem Jäger aus der Bekanntschaft.

Ich habe mich heute für das zweitedelste Teil eines Rehs entschieden, die Keule. Der noch viel teurere Rücken bleibt den festlichen Anlässen vorbehalten. Das Tier sollte jung sein, was allerdings schwer zu überprüfen ist – es sei denn, es stammt aus landwirtschaftlicher Gatterhaltung. Allenfalls das Gewicht der Keule könnte ein Indiz für die Chance auf zartes Fleisch sein.

Auf zwei übelriechende Probleme muß an dieser Stelle noch hingewiesen werden: Brunftiges Wild müffelt und schmeckt grauenhaft, und der früher offensichtlich wegen der fehlenden Kühlungsmöglichkeiten übliche Hautgout ist kein Zeichen guten Geschmacks, sondern von Verwesung. Also: Was unangenehm riecht, kann nicht angenehm schmecken!

Beim Wildhändler lasse ich mir neben der Keule ein Kilo Knochen, Hals oder Rippen mitgeben. Sie wissen schon, was nun kommt – daraus wird ein kräftiger Fond. Mit gewürfelten Röstgemüsen (Karotten, Zwiebeln, Lauch, Sellerie) werden die grob zerkleinerten Teile angebraten, mit Wasser und einem kräftigem Rotwein abgelöscht. Aufkochen lassen, gründlich abschäumen, dann mit Pfefferkörnern, Thymian, Lorbeer, Wacholder, Nelke, Piment, Tomatenmark, Knoblauch würzen. Drei, vier

Stunden im großen Suppentopf sanft köcheln lassen. Zunächst durch ein Sieb, anschließend durch ein Tuch geben. Den Fond abkühlen lassen und entfetten – fertig ist die schönste Saucenbasis.

Nun geht's der Keule an die Keule. Im Gegensatz zu vielen anderen Köchen bin ich kein Freund des Spickens, bei dem gewürzte Speckstreifen durch das Muskelfleisch gezogen werden. Mein Standpunkt: Jede so tiefgreifende Verletzung des Fleisches führt zu Saftverlust. Mein Programm gegen Austrocknung sieht anders aus: Sanfte Hitze. Ich brate die Keule in einmen Bräter in Öl und Butter im Ofen bei 220 Grad an, damit sich die Poren schließen. Dann heißt es runter mit der Hitze, 130 bis 140 Grad sind genug. Mit Rotwein ablöschen und das Fleisch damit alle Viertelstunde bepinseln. Nach rund anderthalb Stunden im Schongang dürfte die Keule gar sein.

Gar heißt in diesem Fall kompromißlos durchgebraten. Bakteriologisch ist Wildbret nicht ohne, da kommt rosa Fleisch nicht auf den Teller. Um die Kerntemperatur zu kontrollieren, stecken Sie ein Bratenthermometer in die dickste Fleischpartie. Aber aufgepaßt: Das Thermometer darf nicht auf den Knochen kommen. Mindestens zehn Minuten lang sollte der Braten eine Kerntemperatur von 80 Grad erreichen, nur so ist eine Abtötung aller Keime gewährleistet.

Vor dem Servieren greife ich zum zweiten »Trick« aus der Kochmottenkiste: Ich wickle die Keule fest in Alufolie und lasse sie vor dem Aufschneiden fünf bis zehn Minuten in schwacher Hitze ruhen. Ein-, zweimal wenden. So

verteilen sich die Säfte und laufen beim Anschneiden nicht aus.

In der Zwischenzeit habe ich Kartoffelklö-
ße aufgesetzt, der Rotkohl bekommt seinen
letzten Schliff und der Fond wurde reduziert.
den vollende ich mit Crème fraiche, Salz und
Gewürz zu Sauce und binde diese durch eiskalte Butterwürfel, die kräftig untergeschlagen
werden. Das Fleisch in Scheiben schneiden,
auf einer vorgewärmten Platte anrichten und
mit etwas Sauce beträufeln. Die Zunge wird zu
diesem kräftigen Geschmack mit einem ebenso kräftigen Wein beglückt. Der ist rot, kommt
aus St. Emillion, Pomerol, dem Piemont, Burgund oder der Rioja. Es gibt sogar Feinschmecker, die eine trockene Riesling Spätlese zur
Rehkeule servieren. Versuch macht klug.

Rinderbraten

in Rotweinmarinade

Zutaten (6 Personen):

2,5 kg	Rind (Keule)
1 Fl	Rotwein
	Karotten
	Lauch
	Zwiebeln
	Sellerie
	Thymian
	Tomatenmark
	Lorbeerblätter
	Nelken
	Butterschmalz
	Pfeffer, Salz

Für sechs Personen müssen Sie mit fünf Pfund schierem Fleisch aus der Keule rechnen. Rechtzeitiges Gelddrucken nicht vergessen. Bitten Sie den Schlachter, er möge das gut parierte Stück längs zu den Fasern mit fettem, zuvor gewürztem Speck spicken. Diese Arbeit schlägt im Haushalt fehl, weil Sie mit Sicherheit nicht die für solch einen großen Braten notwendige lange und dicke Spicknadel im Utensilienkasten haben.

Erster Schritt zum Braten-Vergnügen: Der Fleischklumpen muß eingelegt werden. Für die Marinade Karotten, Lauch und Zwiebeln würfeln. (Nicht zu viel) Nelken, einige Lorbeerblätter und reichlich geriebenen Thymian mit einer Flasche fruchtigem Rotwein vermischen. Das mit Pfeffer und Salz gewürzte Fleisch kommt in eine irdene Schüssel, wird mit dem Wein, den Gemüsen und den Gewürzen übergossen und sollte rund einen halben Tag durchziehen. Ab und zu mal wenden – das gilt besonders, wenn der Wein das Fleisch nicht ganz bedeckt.

Am Sonntag müssen Sie relativ früh raus, denn der Braten braucht fast fünf Stunden, bis er so richtig butterweich ist. Das Fleisch aus der Marinade nehmen, mit Haushaltspapier abtupfen und in einer ausreichend großen Pfanne in Butterschmalz oder hoch erhitzbarem Öl ringsum kräftig anbraten. Das Bratfett unbedingt wegschütten, die Rückstände in der Pfanne mit der durchgesiebten Marinade ablöschen und mit dem Kochlöffel lösen. In einem für den Braten passenden Schmortopf (ideal: Gußeisen) braten Sie in Butter vorsichtig gewürfelte Karotten, Lauch, Sellerie und etwas Tomatenmark an. Mit der Marinade auffüllen, den Braten reinlegen und bei extremem »Niedrigwasser« mit etwas Brühe auffüllen. Deckel drauf und in den auf 120 Grad vorgeheizten Backofen schieben.

Diese Temperaturangabe ist natürlich ein Seiltanz. Nicht überall, wo 120 Grad draufsteht, sind auch 120 Grad drin. Will sagen: Es hängt von der Qualität Ihres Backofens ab, in wieweit Sie sich auf die Skala verlassen können. In den entsprechend temperierten Ofen kommt der Schmortopf, der inzwischen gut verschlossen wurde. Die Brühe im Topf darf auf keinen Fall wild kochen, sie soll im Idealfall ganz sanft simmern! Drei Stunden später: Sie haben sich den Zweitschlaf aus den Augen gerieben und stürzen sich nun in den Endspurt. Die Gemüse müssen vorbereitet und gegart werden, es gilt die Sauce herzustellen.

Das gegarte Fleisch nach fünf Stunden aus dem Topf nehmen und warmstellen. Die Brühe durch ein Sieb in einen Topf geben und mit Volldampf einkochen. Zum Ende dieser Prozedur sollte höchstens nur noch ein Drittel der ursprünglichen Flüssigkeitsmenge im Topf sein. Das Fett so gründlich wie möglich abschöpfen. Mit Salz, Pfeffer und was Sie sonst noch mögen mehrfach abschmecken.

Den Braten zerschneiden, auf einer großen Platte anrichten und mit den in Butter geschwenkten Gemüsen umlegen. Zur Feier des Tages (Bratens) sollten Sie sich eine gute Flasche Bordeaux gönnen (oder auch eine mehr) und nicht vergessen, auf den Schlachter anzustoßen.

Rosenkohl und Hackfleisch

überbacken mit einem sahnigen Kartoffelpüree

Wenn die Sonne schon nicht mehr wärmt, dann ist die Zeit für Gemüse gekommen, die innerlich Erwärmung bringen. Es muß ja nicht gleich Kohl und Pinkel sein. Diese Aufgabe lösen Gratins und Aufläufe mindestens ebenso gut. Mein heutiger Rezeptvorschlag ist ein herbstliches, preiswertes Essen, das schnell auf dem Tisch steht, das sich recht gut vorbereiten läßt und für das die Zutaten auch außerhalb der Großstadt zu kriegen sind. Ich schichte Rosenkohl und gebratenes Hackfleisch in eine feuerfeste Form und überbacke mit einem sahnigen Kartoffelpüree.

Den Rosenkohl putzen und in wenig Salzwasser garen. Abgießen, mit dem Stampfer ein bißchen zerdrücken, aber nicht zu Babybrei verarbeiten. Das Gemüse in eine ausgebutterte feuerfeste Form mit möglichst großer Oberfläche füllen. Gleichmäßig auf dem Boden verteilen, mit frisch geriebener Muskatnuß bestreuen.

Folgt Teil zwei. Das gemischte Hackfleisch – halb Hackepeter, halb Rindermett – in der Pfanne mit den gewürfelten Zwiebeln und dem kleingeschnittenen Speck anbraten. Mit Salz, Pfeffer und Paprika würzen. Solange braten und hin und wieder umrühren, bis das Mett krümelig wird. Über den Rosenkohl geben.

Die Kartoffeln schälen, in Salzwasser garen. Entweder mit dem Stampfer im Topf zerquetschen oder durch die Kartoffelpresse geben. Damit ein Püree daraus wird, brauchen Sie Milch, heiße Milch. Machen Sie die 0,2 l heiß, wieviel Sie davon letztlich benötigen, hängt von der Kartoffelsorte ab.

In einem guten Kartoffelpüree darf nicht lange herumgerührt werden, sonst wird es leimig. Arbeiten Sie mit einem möglichst großen Kochlöffel oder gar mit einem Teigschaber am Stiel. Damit läßt sich großräumig arbeiten, nach wenigen kreisenden Bewegungen ist alles gut vermischt. Das Püree mit Salz, Pfeffer und Muskat würzen. Zum Schluß heben Sie 0,1 l steif geschlagene Sahne unter, die macht den Kartoffelbrei – welch furchtbares Wort für diese Köstlichkeit – besonders luftig.

Das Püree als Deckschicht auf Rosenkohl und Hackfleisch streichen, mit Butterflocken besetzen. Spielerische Naturen füllen die Kartoffelmasse in einen Spritzbeutel und zaubern damit kunstvoll Figuren in die Form. Der Wohlgeschmack hängt davon allerdings nicht ab. Die Form in den Backofen schieben. Bei Oberhitze oder unter der Grillschlange etwa zehn Minuten überbacken, die Oberfläche hat dann genau die goldgelbe Farbe, die ich an Gratin so liebe.

Sie müssen sich jedoch nicht unbedingt auf Rosenkohl beschränken. Schauen Sie doch mal nach, was im Garten noch so übrig ist. Ein paar Kohlrabi oder Zucchini, vielleicht auch Weißkohl oder Wirsing. Der Variationen gibt es viele, Fleischverweigerer können sich auch ein wundervolles Gemüsegericht mit dem Kartoffelpüree überbacken.

Zutaten (4 Personen):

500 g	Rosenkohl
500 g	Kartoffeln
250 g	gemischtes Hack
50 g	gestreifter Speck
0,2 l	Milch
0,1 l	Sahne
2	Zwiebeln
	Butter/ Öl
	Muskat
	Paprika
	Pfeffer, Salz

Rustikale Poularde

mit einer dicken Kräuterschicht und Gewüzen im Bauch

Den Abgesang auf den Sommer will ich heute mit einer Poularde bestreiten, für die ich noch einmal verschwenderisch in meine Kräuterbeete lange. Rosmarin, Thymian, Salbei – da ernte ich nicht gleich Zweiglein für Zweiglein, sondern gleich ganze Büschel. Ist ja noch genug da von den grünen Aromabolzen.

Die Kräuter bereite ich für eine Poularde oder einen Gockel vor, der mehr Hahn als Hähnchen ist. 1,8 Kilo ist das ideale Gewicht für ein Exemplar, von dem vier Personen satt werden können. Viel wichtiger als 100 Gramm mehr oder weniger ist jedoch die Herkunft des Geflügels – und da gibt es Unterschiede wie Tag und Nacht. Ein wichtiges Unterscheidungsmerkmal: Qualität hat ihren Preis.

Den Gockel wasche ich gründlich von außen und innen, reibe ihn mit Küchenkrepp trocken. Die Bauchhöhle wird gesalzen und gepfeffert, dann stopfe ich jeweils ein paar Zweige Thymian, Rosmarin und Salbei hinein, schließlich noch zwei Viertel einer Zitrone. Wer exotischer würzen will, greift vielleicht noch zu Kreuzkümmel, Sternanis oder Koriander.

Nun bereite ich die dicke grüne Pampe zu, die wie eine Gesichtsmaske auf den Vogel gestrichen wird. Am einfachsten geht das im Mixer. Die gewaschenen Kräuter zupfe ich von den Stielen und gebe sie zusammen mit einer großzügigen Menge gutem Olivenöl, zwei gepellten Knoblauchzehen, zwei Esslöffeln Paniermehl, Pfeffer und Salz in die Küchenmaschine.

Dieser Arbeitsgang kann auch mit dem Pürierstab erledigt werden. Das Messer dreht sich wie im Sausewind – und schon ist eine dunkelgrüne, kräftig duftende Kräutercreme fertig.

Damit pinsele ich nun die Poularde ringsherum dick ein und lege das grün angestrichene Vieh in eine feuerfeste Form. Den Backofen habe ich auf 220 Grad vorgeheizt. Für zwanzig Minuten gehe ich mit der starken Hitze ran, dann wird auf 170 bis 180 Grad reduziert.

Eine Poularde der angegebenen Größe dürfte insgesamt eine Garzeit von einer Stunde erfordern. Machen Sie den Nadeltest: In den Schenkel stechen und den austretenden Saft beobachten. Ist er klar, ist das Geflügel gar, ist er noch trüb, muß der Gockel noch ein bißchen in der Hitze bleiben. Die Poularde tranchieren, die Portionsstücke auf vorgewärmten Tellern anrichten. Dazu passen gebratene Kartoffeln mit viel Rosmarin und als Gemüse beispielsweise Zuckerschoten.

Was den Wein anbelangt, ist die Zeit der sommerlichen Leichtgewichte nun vorbei, mit sinkenden Temperaturen habe ich gern wieder etwas kräftigere Gewächse im Glas. Die können in diesem Fall sowohl weiß, als auch rot sein. Vorstellbar wäre ein Grauburgunder aus Baden oder einer der großartigen Weine aus dem Friaul, vorzugsweise von den besten Erzeugern Jermann, Schiopetto oder Gravner. Und wer einen Lagen-Beaujolais zum Huhn trinkt, läßt damit den Sommer nicht auf die schlechteste Art ausklingen.

Saftige Stückchen Putenbrust

in Wirsingblätter eingewickelt

Wirsing ist für mich eines der interessantesten Gemüse. Er ist nicht solch ein ordinärer Stinker wie mancher Weißkohl, und er läßt sich vielseitiger einsetzen als beispielsweise Rotkohl. Eine beliebte Spielart des Wirsings ist es, Fisch oder Fleisch darin einzuwickeln. Für das Innere meiner kleinen Überraschungs-Päckchen nehme ich Stücke von der Putenbrust.

Putenschnitzel nehme ich, weil das Fleisch mager ist, also für den Wunsch nach ein paar Gramm weniger auf den Hüften steht. Sie können jedoch auch Schweineschnitzel, schieres Lammfleisch oder Rotbarschfilet nehmen. dann sind die Garzeiten entsprechend anzupassen. Das Prinzip ist jedoch immer gleich: Angebratenes Fleisch oder Fisch werden in blanchierte Wirsingblätter geschlagen und in einer sahnigen Sauce im Ofen geschmort. Das macht wenig Arbeit und schmeckt phantastisch.

Die Arbeit beginnt mit dem Putzen des Wirsings. Die Blätter werden sorgfältig vom Strunk angeschnitten. Die harten Mittelrippen werden aus den Blättern herausgeschnitten. Kräftig gesalzenes Wasser in reichlicher Menge zum Kochen bringen und darin die Wirsingblätter in mehreren Partien ein bis zwei Minuten blanchieren. Sofort in eiskaltem Wasser abschrecken, so behält das Gemüse seine schöne leuchtend grüne Farbe. Zweiter Effekt der Heißbehandlung: Die Blätter werden geschmeidig und lassen sich prima weiterverarbeiten. Das Gemüse übereinander legen und zwischen den Händen sehr kräftig ausdrücken. Die Putenbrust in Stücke schneiden, die etwa der Größe und Dicke von Fischstäbchen entsprechen. Auf ein paar Millimeter mehr oder weniger kommt es nicht an. Nur bei der Dicke sollten Sie nicht unter anderthalb bis zwei Zentimeter gehen. nur so bleibt das Fleisch saftig. Die Putenhappen in der Pfanne in einer Mischung aus Butter und Traubenkernöl sanft anbraten, mit Salz und Pfeffer würzen.

Die Wirsingblätter auf einer Fläche ausbreiten, je nachdem, wieviel Wirsing Sie haben, können Sie das Gemüse doppelt oder einfach nehmen. Den Kohl leicht salzen und mit Kümmelpulver bestreuen. Damit können Sie ruhig etwas großzügiger umgehen, denn der Kümmel soll den würzigen Akzent beim Essen setzen. Auf jedes Wirsingblatt ein Putenstückchen legen, darauf kommt jeweils ein kleines Scheibchen Frühstücksspeck. Nun die Wirsingblätter zu kleinen Paketen aufrollen, höchstwahrscheinlich kommen Sie dabei sogar ohne Holzstäbchen aus. Die kleinen Kohlrollen flach in eine große feuerfeste Form legen.

Für die Sauce vermischen Sie Sahne, Crème fraiche, die Hühnerbrühe, etwas Tomatenmark oder Tomatenstückchen aus dem Päckchen sowie Zitrone, Salz und Pfeffer. Diese Brühe kräftig durchschlagen, einmal aufkochen lassen und über die Wirsingröllchen gießen. Die Form in den auf 200 Grad vorgeheizten Ofen schieben.

In ein paar Minuten wird die Sauce die Wirsing-Päckchen sanft umblubbern, in knapp 30 Minuten kann gegessen werden. In der Zwischenzeit kochen Sie ein paar Salzkartoffeln, die zum Aufstippen der Sauce das richtige sind. Sie werden sehen: Ratzfatz hat die Bande die Überraschungs-Päckchen weggeputzt!

Zutaten (4 Personen):

500 g	Putenschnitzel
0,1 l	Hühnerbrühe
0,1 l	Sahne
0,1 l	Crème fraiche
1	mittlerer Kopf Wirsing
	Frühstücksspeck
	Butter
	Traubenkernöl
	Tomatenmark
	Zitrone
	Kümmel
	Pfeffer, Salz

Saftige Rindersülze

Zunächst gilt es, für die Sülze eine gute, würzige Brühe zu kochen. Das geht am besten mit Beinscheiben, Gemüsen und Gewürz. Beinscheiben sind besonders geeignet, weil sie viel Gelierkraft mitbringen. Um so weniger Gelatine brauchen Sie später. Perfektionisten lassen sich auch noch einen Kalbsfuß vom Schlachter kleinsägen. Das Suppengrün und die Zwiebel werden geputzt und grob gewürfelt. Kurz in Öl goldbraun anrösten. Die Gemüse und das Fleisch mit kaltem Wasser bedecken. Zum Kochen bringen und die Hitze sofort reduzieren. Mehrfach abschäumen und erst dann die Gewürze zugeben.

Nach rund zwei Stunden kommt der Tafelspitz mit in den Topf, und Sie können wieder im Sessel Platz nehmen. Das Fleisch sollte weitere anderthalb bis zwei Stunden vor sich hinsimmern und ist dann wunderbar zart. Kurz vor Ende der Kochzeit haben Sie noch einen kräftigen Schuß trockenen Weißwein zugegeben. Der Alkohol verflog, die bei Sülzen wichtige Säure bleibt.

Über Nacht das Fleisch in der Brühe auskühlen lassen. Am Morgen fischen Sie den Tafelspitz heraus, geben den Rest durch ein Sieb und stellen die Brühe in den Kühlschrank. Nach wenigen Stunden können Sie die Brühe entfetten, dann zeigt sich, wie gut oder wie schlecht sie gelierte. Ist sie zu dünn, muß entweder kräftig reduziert oder mit Gelatine nachgeholfen werden. Meine Faustregel: Pro halbem Liter Brühe brauchen Sie zwei Blatt Gelatine.

Nun muß noch die Einlage für die Rindersülze vorbereitet werden. Karotten, Sellerie und Kohlrabi schälen und in sehr feine Würfel schnippeln. Wer sich diese Fummelei sparen will, jagt die Gemüse durch das Schnitzelwerk seiner Küchenmaschine (endlich mal ein Einsatz!). Die Gemüsewürfel oder –schnipselchen werden in der Brühe gegart und wieder herausgefischt. Das Fleisch möglichst mit der Fleischscheibe der Brotmaschine dünn aufschneiden. Wer es von Hand wagen will, braucht ein sehr scharfes Messer und Geduld.

Als Gefäß für die Sülze eignen sich Terrinen, Kuchenformen und andere Behältnisse aus Keramik, Gußeisen, Glas, Blech oder Porzellan. Die Form sollten Sie mit Frischhaltefolie auskleiden und diese lang über den Rand hängen lassen. Das funktioniert als Hilfe beim Herausheben der Sülze und außerdem geht der Geschmack der Form (z. B. bei Weißblech) nicht auf die Sülze über. Nun schichtweise das Fleisch und die Gemüse in die Form füllen, zum Schluß die mit Salz, Pfeffer und einem Schuß Wein oder bestem (!) Essig abgeschmeckte Brühe einfüllen. Mit der Folie verschließen und ab in den Kühlschrank damit.

Ganz prima paßt zu diesem Sommerknüller eine Senfsaatsauce. Dafür weichen Sie etwas Senfsaat in zurückbehaltener Brühe ein und lassen sie etwas köcheln. Mit Sahne auffüllen, erkalten lassen und mit Salz, Pfeffer, Zitrone sowie etwas scharfem Senf abschmecken.

Trinkbare »Beilage« zur Sülze könnte ein frischer, alkoholarmer Wein sein, ein Bier kommt jedoch auch bestens zur Geltung. Und wer trotz Sommerhitze einen Bärenhunger verspürt, der kann mit ein paar sanft gebratenen jungen Kartoffeln den Imbiß zur Mahlzeit komplettieren.

Scaloppine

mit Zitronensauce oder in Marsala

Auch eingeschworene Fans der deutschen Sprache müssen zugeben, daß Scaloppine und Cotolettine verlockender klingt als kleine Schnitzel und Koteletts. Wie dem auch sei. Vor mir liegen heute kleine Schnitzel auf dem Tisch, und die möchte ich in einigen Varianten zubereiten, wie sie die italienische Küche bietet.

Meine ersten Scaloppine serviere ich in einer Zitronensauce. Diese Version paßt gut zu einem warmen Sommertag und ist schnell zubereitet. Die ausgeklopften Fleischstückchen bester Qualität werden in einer Mischung aus etwas Olivenöl und dem Saft einer Zitrone mariniert – zwei Stunden reichen aus. Das Fleisch wird dann sorgfältig mit Haushaltspapier abgetrocknet und in einer Mischung aus Butter und Olivenöl gebraten. Das geht wegen der relativ kleinen Abmessungen ganz fix. Die gegarten Schnitzelchen werden in Alufolie gehüllt – nicht etwa, damit sie sich außerhalb der Pfanne keinen Schnupfen holen, sondern weil sie warm gehalten werden müssen, bis die Sauce fertig ist.

Dafür muß zunächst das Bratfett aus der Pfanne weggegossen werden. Mit der Marinade werden mögliche Bratrückstände abgelöscht und mit dem Kochlöffel vorsichtig losgeschabt – und dann heißt das Kommando »Feuer frei!« In der Küche bedeutet dies, die Platte auf volle Hitze zu schalten. Die ist notwendig, um aus der wässrigen Flüssigkeit eine Pfütze werden zu lassen. Die eingekochte Marinade mit Pfeffer, Salz und vielleicht sogar noch etwas Zitrone abschmecken und über die auf heißen Tellern angerichteten gewürzten Schnitzelchen geben. Dazu schmeckt Baguette.

Ähnlich wie die Schnitzel in Zitronensauce werden die in Marsala zubereitet. In diesem Fall die Schnitzel pur in einer Mischung aus Butter und Olivenöl braten, würzen und warm stellen. Da es bei dieser Version keine Marinade gibt, kann auch keine solche eingekocht werden. Stattdessen kommt – wer hätte das gedacht – Marsala in die ganz heiße Pfanne. Das Verfahren funktioniert wie oben: Einkochen lassen, vielleicht etwas Sahne zufügen, einkochen lassen, abschmecken, kalte Butterflöckchen einschwenken, wieder abschmecken – hmmm!

Zum Schluß eine kalte Sauce zum warmen Fleisch-Schnitzelchen mit einer Tomaten-Basilikum-Vinaigrette. Dafür werden die Tomaten enthäutet und entkernt. Das Fruchtfleisch fein hacken, salzen und etwas ziehen lassen. Aus Essig, Olivenöl und Pfeffer eine Vinaigrette anrühren. Gehacktes frisches Basilikum und die Tomatenwürfel unterziehen. Diese Sauce über die frisch gebratenen Schnitzel geben.

Zutaten (4 Personen):

8	kleine Kalbsschnitzel
4	Tomaten
0,25 l	Sahne
	Zitrone
	Butter
	Olivenöl
	Essig
	Marsala
	Tomaten
	Basilikum
	Pfeffer, Salz

Schweinebraten

mit knuspriger Kruste und einer bierseligen Sauce

Zutaten (6 Personen):

1,5 kg	Schweinebraten
1 Fl	Bier
2	Karotten
2	Zwiebeln
1	Stange Lauch
1/2	Sellerie
	Butter/Öl
	Kümmel
	Pfeffer, Salz

Spätestens ein bis zwei Tage nach Silvester beginnen in vielen Haushalten die Diätfestspiele. Nur noch Wasser oder Tee als Getränke, Schokolade und Eis gestrichen, Sahne und Butter nur noch in homöopathischen Dosen, Fleisch in seiner magersten Form, Pizza und Lasagne mit Hausverbot. Doch spätestens im Februar müßten auch die radikalsten Kostverweigerer wieder Lust auf herzhafte Genüsse verspüren. Deshalb heute mein Kontrastprogramm: Schweinebraten mit knuspriger Kruste, dazu Kartoffelknödel und eine kräftige Biersauce. Nix mit light oder 300 Kalorien, sondern das pralle Leben.

Ein Dreipfünder sollte es mindestens sein, den Sie sich bei Ihrem Schlachter besorgen. Größere Stücke haben den Vorteil, daß sie saftiger als ihre kleinen Kameraden bleiben. Und wenn ich mich auch wiederhole: Achten Sie auch und gerade beim Schweinefleisch auf Qualität. Inzwischen gibt es immer mehr Erzeuger, die auf artgerechte Haltung und gesunde Ernährung der Tiere achten.

Was besser aufgezogen wird, schmeckt auch besser. Der Genuss beim Essen wiegt den Mehrpreis dicke wieder auf. Geeignete Stücke sind zum Beispiel aus der Keule oder vom Nacken geschnitten. Der Nacken ist durchwachsener und damit auch saftiger, das Fleisch aus der Keule schier, aber auch etwas trockener. Ob Keule oder Nacken – eine Schwarte gehört dazu. Die lassen Sie vom Schlachter gleich rautenförmig einschneiden, sie wird nachher ein Extra-Genuss.

Den Braten abspülen, abtrocknen, pfeffern, salzen und mit Kümmelpulver bestreuen. Kümmel ist ein Gewürz, das perfekt zu Schweinebraten paßt. Das so präparierte Fleisch in einer Mischung aus Öl und Butter ringsherum anbraten. Das Gemüse wird gewürfelt als Röstgemüse zufügt. Die Gemüse kurz anziehen lassen, die hochwandige Pfanne oder die Sauteuse dann mit Brühe (Rind, Kalb, Huhn) ablöschen und eine halbe Flasche Bier hinzufügen. Die Sorte richtet sich nach Ihrem Geschmack. Wer eine bittere Note mag, wird ein Pils wählen, wer mehr auf süßliche Noten steht, ist mit einem dunklen Bier nach bayerischer Art gut bedient.

Den Backofen haben Sie inzwischen auf 180 bis 200 Grad vorgeheizt. Dort schieben Sie nun die Pfanne hinein und können sich schon mal um die Beilagen kümmern. Beispielsweise um Klöße oder Semmelknödel. Kurz: Beilagen, mit denen sich die köstliche Sauce so richtig gut aufstippen läßt.

Den Braten sollten Sie etwa alle halbe Stunde begießen. Kontrollieren Sie von Zeit zu Zeit auch, ob noch genug Flüssigkeit vorhanden ist. Wenn nicht, mit etwas Bier oder Brühe nachfüllen. Nach etwa zwei Stunden dürfte der Magen angesichts der verlockenden Gerüche bis in die Kniekehlen hängen. Die Wartezeit ist jetzt jedoch nicht mehr lang. Sollte die Kruste noch nicht knusprig sein, so geben Sie ihr mit Oberhitze oder der Grillschlange des Backofens noch eins auf die Pelle. Beschleunigt wird der Vorgang durch etwas Salzwasser, das auf die Schwarte gestrichen wird.

Den Braten aus der Pfanne nehmen, in Alufolie wickeln und für rund zehn Minuten warm stellen. Nicht länger, sonst wird die mühsam erzeugte Kruste weich, nicht kürzer, sonst läuft der wertvolle Fleischsaft beim Anschneiden aus.

Während der Ruhezeit den Bratfond durchsieben und auf dem Herd bei starker Hitze einkochen lassen. Vorsicht! Der Stiel der Pfanne aus dem Ofen ist immer noch höllisch heiß. Das vergißt man leicht. Zur Sicherheit hänge ich über einen solch gefährlichen Pfannenstiel immer einen Topflappen.

Die Sauce mit etwas Mehlbutter binden. Stark reduzierte Saucen passen zum Schweinebraten nicht, da darf es schon etwas mehr sein. Damit keine wässerige Plörre das Fleisch und die Klöße umspült, greife ich hier ausnahmesweise mal zu diesem Bindehelfer.

Den Braten in Scheiben schneiden und auf einer vorgewärmten Platte anrichten. Salz und Pfeffer nicht vergessen! Mit etwas Sauce beträufeln, den Rest in eine Sauciere füllen.

Noch ein Tip vor dem Eßvergnügen: Die Kruste kann richtig hart sein, Ihre Zähne könnten den kräftigen Biß übel nehmen. Und schimpfen Sie nicht mit mir, wenn die Waage morgen wieder ein Pfündchen mehr anzeigt. Zu Risiken und Nebenwirkungen habe ich schließlich alles gesagt.

Nudeln, Reis & Kartoffeln

Gefüllte Nudeltaschen

mit Spinat und drei Sorten Käse

Zutaten (4 Personen):

250 g	Mehl
2	Eier
1/2 Tl	Salz
	lauwarmes Wasser

Für die Füllung:

500 g	Blattspinat
250 g	abgetropften Sahneschichtkäse
50 g	geriebenen Parmesan
50 g	Pecorino
20 g	Butter
2	Schalotten
1	Ei
	Muskat
	Pfeffer, Salz

Nudeln gehören zu den immer wiederkehrenden Zutaten in meiner Küche. In fast allen Fällen stelle ich die Teigwaren selbst her. Das macht natürlich mehr Arbeit als das Aufreißen eines Plastikbeutels; aber das Ergebnis läßt die Mühen schnell vergessen.

Heute habe ich für Sie ein recht aufwendiges Gericht ausgesucht. Anderthalb Stunden sollten Sie für die Zubereitung von Ravioli mit Spinat- und Käsefüllung mindestens rechnen. Das ist für ein einfaches Gericht ein erheblicher Aufwand. Aber Fans der guten Küche nehmen den gern in Kauf, wenn es um beste Qualität geht.

Mehl, Eier und Salz zu einem glatten Teig verkneten und – zugedeckt – mindestens eine halbe Stunde ausquellen lassen. In der Zwischenzeit bereite ich die Füllung vor. Die Schalotten fein würfeln und in der Butter anschwitzen. Den geputzten Spinat hinzufügen und im geschlossenen Topf zusammenfallen lassen. Mit Salz, Pfeffer und Muskat würzen. Das knapp gegarte Gemüse abkühlen lassen, kleinschneiden und gut ausdrücken. Den Spinat mit dem Ei und den Käsesorten vermischen. Noch einmal sorgfältig abschmecken.

Mit der Nudelmaschine oder mit dem Rollholz auf bemehlter Fläche den Teig zu dünnen Platten ausrollen. Mit einem Glas kreisrunde Teigfladen ausstechen oder mit dem Teigrad Nudeln in Quadrate schneiden. Auf jeden zweiten Teigkreis einen Teelöffel von der Käse-Spinat-Mischung setzen. Mit dem Teigblatt bedecken und die Ränder sorgfältig andrücken.

An dieser Stelle ein Einschub mit der Beschreibung von drei Schwierigkeiten, mit denen Sie rechnen müssen, wenn Sie bisher unerfahren in der Zubereitung von Ravioli sind:

1. Der Teig darf nicht zu klebrig und nicht zu trocken sein. Sie regulieren dies durch die Zugabe von weiterem Mehl oder Wasser.

2. Die ausgerollten Teigplatten und die Kreise beziehungsweise Quadrate backen leicht am Tisch fest. Deshalb immer Mehl auf die Arbeitsfläche geben.

3. Die Ravioli-Hälften haften nicht ganz leicht aneinander. Sie können nachhelfen, indem Sie die Teigränder mit Wasser bestreichen und/oder sie mit einem Teigkneifer (so etwas nimmt man beispielsweise zum Verzieren von Pasteten) zusammenpressen. So kann nichts mehr aufgehen.

In einem großen Topf Salzwasser zum Kochen bringen und darin die Ravioli in rund sechs Minuten garen. Abgießen und in reichlich heißer Butter schwenken. Perfektionisten bereiten noch eine schnelle Tomatensauce zu. Dazu Schalottenwürfel anschwitzen, 250 g Tomatenwürfel aus dem Päckchen und 0,1 Liter Sahne hinzufügen, das Ganze zehn Minuten sacht durchkochen lassen. Einen dicken Klecks Butter unterziehen, abschmecken und die Sauce in tiefe Teller gießen. Die Ravioli darin anrichten.

Puhhh – ein hartes Stück Arbeit liegt hinter Ihnen. Aber das ist schnell vergessen, wenn das verführerisch duftende Gericht auf den Tisch kommt. Guten Appetit!

Gnocchi

Heute soll von einer italienischen Kartoffelzubereitung die Rede sein: Gnocchi heißen die Kartoffelnocken, und ausgesprochen werden sie »Njocki«, das geht auch flüssig über deutsche Zungen. Man kann sie als Beilage zu Fleischgerichten reichen, sie sind aber auch für sich in Butter geschwenkt und mit frisch geriebenem Parmesan ein Hochgenuss.

Rezepte gibt es für die Gnocchi viele, jede Autorin, jeder Autor eines italienischen Kochbuches hat ihre/seine eigene Gnocchi-Machart, und ich wette, daß auch jede Hausfrau in Italien auf ihr persönliches Rezept vertraut. Eines haben alle Rezepte, die ich gelesen habe, gemeinsam: Sie scheinen für ausgehungerte Schwerstarbeiter bemessen zu sein.

Jetzt soll's aber richtig losgehen, und dazu stellen Sie sich die Zutaten bereit. Die Menge sollten Sie daran bemessen, was Ihre Mitesser sonst so an Kartoffelbergen oder –hügelchen verdrücken. Oder lieber ein bißchen mehr – bei den Gnocchi werden Sie hinlangen. Die Kartoffeln werden in Salzwasser gegart, abgegossen und gepellt. Die Pellkartoffeln durch eine Kartoffelpresse, ein Sieb oder eine »flotte Lotte« in eine große Schüssel treiben. Die flüssige Butter, die Eigelbe und knapp 200 g Mehl zugeben.

Es kann auch sein, daß Sie mit noch weniger Mehl auskommen – das hängt von Kartoffel- und Mehlsorte ab. Sie müßten das ein bißchen ausprobieren, wie der Teig auf weitere Mehlzugaben reagiert. Den Teig gründlich durchkneten. Man kann den geriebenen Parmesan schon an dieser Stelle unter den Teig ziehen, andere Köche streuen ihn nach dem Servieren über die Gnocchi. Mit Salz, Pfeffer und einer Prise Muskat abschmecken.

Den Gnocchi-Teig portionsweise zu fingerdicken Rollen formen und auf einem bemehlten Brett etwas ruhen lassen. Dann etwa zwei Zentimeter dicke Scheiben von den Kartoffelteigwürsten abschneiden. Jedes Scheibchen in der Mitte mit einer Gabel eindrücken, so enstehen vier Vertiefungen, in denen sich beim Essen gut die Sauce sammeln kann.

Auf den Herd wird in einem großen Topf inzwischen eine reichlich bemessene Wassermenge heiß. Eine ordentliche Portion Salz muß rein, und wenn das Wasser kocht, sollten Sie die Gnocchi hineingeben und die Hitze so reduzieren, daß es für die Garzeit leicht siedet. Die Kartoffelnocken plumpsen zunächst einmal auf den Topfboden und steigen nach einiger Zeit an die Oberfläche. Die Garzeit dürfte bei rund fünf Minuten liegen – am besten zwischendurch mal die Beißprobe machen, das ist zuverlässiger als jedes Rezept. Übrigens nicht nur bei Gnocchi.

Mit einem Schaumlöffel herausheben, gut abtropfen lassen und in einer vorgewärmten, ausgebutterten Schüssel schichtweise mit frisch geriebenem Parmesankäse anrichten. Man kann die gegarten Nocken jedoch auch in der Pfanne in Butter vorsichtig anbraten – diese Version mag ich besonders gerne. Übrigens passen auch Saucen aus Tomaten oder Kräutern prima zu den Gnocchi. Solche Gerichte sind zur wärmeren Jahreszeit nicht zu verachten.

Zutaten (4 Personen):

750 g	Kartoffeln
200 g	Mehl
100 g	Parmesan
40 g	flüssige Butter
2	Eigelb
	Muskat
	Pfeffer, Salz

Kartoffelgratin

Zutaten (4 Personen):

1 kg	festkochende Kartoffeln
250 g	würziger Käse (Emmentaler, Edamer, Gruyère)
0,25 l	Sahne
0,25 l	Milch
2-3	Eier
1	Knoblauchzehe
	Butter
	Muskat
	Pfeffer aus der Mühle

Wenn wir unsere Kinder fragen, was sie denn wohl am liebsten essen würden, dann stehen Pommes frites, Nudeln, McDonald's & Co ziemlich weit oben in der Beliebtheitsskala. Doch ein Gericht könnte ihrer Meinung nach besonders häufig auf den Tisch kommen: Kartoffelgratin.

Dieser Wunsch ist leicht erfüllbar, läßt es sich doch gut vorbereiten und erfordert keine sonderlich ausgeprägten Kochfähigkeiten. Aus der Lust der Kinder auf ein herzhaftes Hauptgericht kann schnell eine leckere Beilage zu feinem Fleisch werden. Damit können Sie bei Gästen glänzen.

Das wichtigste am Gratin für Jens und Anne ist die knusprige, goldbraune Kruste. Davon kann gar nicht genug da sein. Also habe ich eine besonders große ovale gußeiserne Form besorgt, die eine große Oberfläche und somit besonders viel Kruste fürs Gratin bietet.

Die Kartoffeln werden geschält, gewaschen, abgetrocknet und auf dem Gemüsehobel in etwa zwei bis drei Millimeter dicke oder besser dünne Scheiben geschnitten. Die Form aus Jenaer Glas, Keramik oder emailliertem Guß mit Butter fetten. Eine Schicht Kartoffelscheiben wie Dachziegel in die Form schichten, Salz, Pfeffer und frisch geriebene Muskatnuß drüber. Den Käse reiben und eine dünne Schicht über die Kartoffellage rieseln lassen.

Die zweite Schicht Kartoffeln folgt sogleich, Salz, Pfeffer, Muskatnuß und Käse drüber. Kommt die dritte Lage, und damit dürfte Ihr Karteoffelvorrat aufgebraucht sein. Wieder Salz, Pfeffer und Muskat – und dann kommt der Clou: Als Abschluss den Käse besonders dick über die Kartoffeln streuen. Nur so entsteht Kinderglück.

Inzwischen habe ich den Backofen auf 200 Grad vorgeheizt und die Zutaten für den Eiguß gemischt: Sahne, Milch, Eier, den durchgepreßten Knoblauch, Salz, Pfeffer, Muskat. Diese milchigee »Suppe« gieße ich über das Gratin und kröne das Ganze noch mit zahlreichen dünnen Butterflocken.

Der Rest ist mehr Warten als Kochen. Die Gratinform kommt auf die mittlere Schiene des Backofens, die Temperatur nehme ich sofort auf 180 Grad zurück. Spätestens nach einer Stunde zieht ein unwiderstehlicher Duft durchs Haus. Das ist der Zeitpunkt, zu dem ich nachsehe, ob das Gratin nicht verbrennt.

Sollten Kartoffeln nach »Brandenburger Art« drohen, so decke ich die Form mit Alufolie ab, die ich erst fünf Minuten vor dem Servieren wieder entferne. Die gesamte Garzeit beträgt nach meinen Erfahrungen rund 90 Minuten.

Wenn ich das duftende Gericht mit der goldbraunen Kruste auftrage, gibt es kein Halten mehr. »Ich will Kruste«, verlangt die Tochter. »Ich auch«, mahnt der Sohn. Na, und wir Erwachsenen schielen auch nach dem Krossen. Wie gut, daß ich eine solche schöne große Form habe.

Lasagne

mit Bechamelsauce

Heute mute ich Ihnen eine staatlich anerkannte Kalorienbombe zu. Die stammt aus Italien und heißt Lasagne. Hinter diesem Zauberwort verbirgt sich eine mächtige Spezialität: Nudelblätter werden mit Ragout, Bechamel und Parmesan bedeckt und im Ofen überbacken.

Die erste Gewissensfrage: Die Teigblätter selber herstellen oder nicht? Perfektionisten bereiten aus 400 Gramm Mehl, drei Eiern, etwas Salz und einem Schluck Olivenöl einen Nudelteig. Der wird zwischen den Walzen der Nudelmaschine oder mit dem Rollholz zu Teigblättern gequetscht. Grüne Blätter (mit Spinat) machen noch mehr Arbeit.

Wer wenig Zeit hat oder die Perfektion nicht auf die Spitze treiben möchte, kann fertige Teigblätter (gelb oder grün erhältlich) nehmen. Achten Sie darauf, daß die meisten vor der Weiterverarbeitung nicht gekocht werden müssen. Nach meinen Erfahrungen sind die Fertigblätter von recht guter Qualität.

Die Gemüse werden geputzt und in sehr kleine Würfel geschnitten. Den Speck ebenfalls fein würfeln. Die Speckwürfel in etwas Butter sacht anbraten und die Gemüsewürfel zufügen. Häufig umrühren und, wenn die Würfelchen leicht Farbe genommen haben, in einen nicht zu kleinen Kochtopf umfüllen. Neues Fett in die Pfanne geben und darin Hackepeter sowie das Rindermett anbraten. Ein, zwei Esslöffel Tomatenmark zufügen. Mit Brühe und Rotwein ablöschen und die Rückstände am Pfannenboden gründlich losschaben. Alles in den Topf zu den Gemüsen geben. Eine Knoblauchzehe durchpressen, mit Salz, Pfeffer und Oregano zum ersten Mal abschmecken, Deckel drauf und eine Stunde lang sacht köcheln lassen. Von Zeit zu Zeit umrühren.

In der Zwischenzeit bereiten Sie die Bechamelsauce zu. Die Butter schmelzen und darin das Mehl verrühren. Wenn dieser Pamps etwas Farbe angenommen hat, die Milch angießen, und dann heißt es rühren, rühren, rühren. Wer in Sachen Klümpchenvermeidung auf Nummer Sicher gehen will, der saust mit dem Mischstab durch die weiße sämige Sauce. Mit Salz abschmecken. Bleibt noch eine rechteckige feuerfeste Form mit Butter auszupinseln. Schließlich gießen Sie die Sahne zum Ragout, lassen noch einmal kräftig durchkochen und geben mit Gewürzen den letzten Schliff.

Den Boden der Form mit Teigblättern bedecken, Ragout drauf, Bechamel drauf, dünn Parmesan drüber. Wieder eine Schicht Nudelblätter, darauf Ragout, Bechamel, Käse und so weiter. Ganz oben drauf kommt eine letzte Schicht Bechamel und eine ordentliche Portion Käse. Ein paar Butterflöckchen können als Krönung nicht schaden. Die Form in den auf rund 200 Grad vorgeheizten Ofen schieben und in einer guten halben Stunde garen. Achten Sie darauf, daß Ihnen der Käse nicht verbrennt. Sollte die oberste Schicht zu braun werden, so müssen Sie die Form mit Alufolie abdecken. Verbrannter Parmesan wird bitter und schmeckt scheußlich.

Ich wünsche Ihnen eine lustvolle Völlerei, einen leichten italienischen Rotwein dazu im Glas und eine Badezimmerwaage, die sich von solchen Sündenfällen nicht gleich aus der Ruhe bringen läßt.

Zutaten (4 Personen):

125 g	Hackepeter
125 g	Beefsteakmett
125 g	Parmesan
50 g	gestreiften Speck
0,2 l	Brühe
0,2 l	Rotwein
0,1 l	Sahne
2	Zwiebeln
2	Karotten
1	Stück Sellerie
1	Knoblauchzehe
	Butter
	Tomatenmark
	Oregano
	Pfeffer, Salz

Zutaten Sauce:

50 g	Mehl
50 g	Butter
0,5 l	Milch
	Salz

Ravioli

mit Käsefüllung und Spinat

Zutaten (4 Personen):

500 g	Spinat
250 g	Mehl
125 g	Magerquark
50 g	Emmentaler
50 g	Parmesan
0,1 l	Sahne
1/2 TL	Salz
2	Eier
2	Schalotten
1	Packung Tomaten-würfel
1	Knoblauchzehe
	Wasser
	Muskat
	Pfeffer, Salz

Für manche Kinder gehören Ravioli zu den ersten kuliniarischen Erfahrungen. Dose auf, Inhalt warmgemacht – fertig. Auch im Erwachsenenalter können sie sich manchmal nicht vorstellen, daß gefüllte Nudeltaschen anders schmecken können als diese weichen Dinger mit der süßen roten Sauce. Können sie! Und das zeige ich Ihnen jetzt.

Ob Sie die gefüllten Nudeln Raciole, Maultaschen oder sonstwie nennen, ist egal. Hauptsache, sie sind mit Liebe gemacht. Etwas mehr Zeit und Aufwand als die Betätigung des Dosenöffnens erfordern die Teigtaschen schon, aber das Ergebnis läßt die Mühe schnell vergessen.

Los geht's mit dem Nudelteig. Das gesiebte Mehl mit dem Ei und dem Salz verkneten. Mit lauwarmem Wasser den Teig regulieren. Nicht zu klebrig und nicht zu bröselig soll er sein. Während das Mehl ausquillt, bereiten Sie die grün-weiße Füllung zu.

Den Spinat putzen und sehr gründlich waschen. In kochendem Salzwasser blanchieren und eiskalt abschrecken. Das Gemüse gut ausdrücken und mit einem großen Messer sehr fein schneiden. Den Spinat mit einem Ei, dem abgetropften Quark, den beiden geriebenen Hartkäsen sowie den Gewürzen mischen. Ruhig kräftig abschmecken.

Der Nudelteig wird in der handbetriebenen Nudelmaschine oder mit der guten alten Kuchenrolle dünn ausgerollt. Auf die Teigplatten setzen Sie im Abstand von sechs bis acht Zentimetern je einen Teeflöffel von der Füllung in Werders Farben. Rings um den Spinatklecks den Nudelteig dünn mit Wasser einpinseln. Eine zweite Teigplatte auflegen und gut festdrücken.

Mit einem Teigrad runde oder viereckige Teigtaschen ausradeln. Die Ränder Stück für Stück noch einmal andrücken. Nun kommt die Sauce dran. In Butter die feingewürfelten Schalotten und die Knoblauchzehe anschwitzen. Eine Packung Tomatenstücke zufügen. Im Sommer können Sie auch frische enthäutete, entkernte Tomaten nehmen. Die Sahne angießen und alles zehn Minuten durchkochen lassen. Mit dem Pürierstab aufmixen und dabei ein Stück Butter zufügen. Mit Salz und Pfeffer würzen.

Nun noch die Teigtaschen in sprudelnd kochendem Salzwasser garen, das dauert kaum länger als drei, vier Minuten, Abgießen, in Butter schwenken und sofort in vorgewärmten tiefen Tellern servieren. Sauce drüber – fertig.

Wer dann noch etwas von den tollen Ravioli aus der Dose faselt, bekommt noch am Tisch die rote Karte.

Risotto

mit zartem, grünem Spargel

Zutaten (4 Personen):

500 g	grüner Spargel
400 g	Risotto-Reis
1 l	Hühnerbrühe
2	Schalotten
	Weißwein
	Butter
	Parmesan
	Pfeffer, Salz

In Italien erfreut sich Reis einer überaus großen Popularität. Das Land jenseits der Alpen hat sogar eigenständige Gerichte hervorgebracht, die Reis in den Mittelpunkt stellen. Kaum ein Restaurant, das was auf sich hält, das keine Risotto auf der Karte hätte. Meist als Vor- oder Zwischengericht, manchmal jedoch auch als sättigende Hauptspeise. Das A und O für einen guten Risotto ist ein guter Reis. Rundkornware erstklassiger Qualität muß es sein, und die hat auch Namen: Arborio und Vialone heißen die besten Vertreter ihrer Zunft. Risotto-Reis ist nicht gehärtet und verbindet sich deshalb so perfekt mit Brühe.

Die Möglichkeiten für einen Risotto sind schier unerschöpflich. Fisch, Fleisch, Gemüse, Pilze – all das läßt sich als Reisgericht zubereiten. Und selbst bei jeder einzelnen Risotto-Art gibt es viele Variationsmöglichkeiten. Manche mögen den Risotto fast suppig, in anderen Regionen wird er etwas fester serviert. Hier habe ich ein Risotto von grünem Spargel vorbereitet, der schon ein bißchen auf die wärmere Jahreszeit einstimmt.

Wenn Sie den Spargel-Risotto als Vorspeise servieren wollen, reichen die halben Mengen. Neben dem Reis kommt es besonders auf die Brühe an, ist sie doch der eigentlich geschmacksgebende Teil der Veranstaltung. Da gibt's nur eines: Selbermachen. Ein Suppenhuhn mit viel Gemüse und Gewürzen auskochen. Die Brühe durchsieben und gründlich entfetten. Das Fleisch können Sie für ein Hühnerfrikassee verwenden.

Den Spargel sorgfältig schälen und in etwa zwei Zentimeter lange Stücke schneiden. Den Reis allenfalls ganz kurz abspülen, auf keinen Fall gründlich waschen. Anderenfalls würden Sie ihm die Stärke nehmen, die so dringend für das typische Risotto-Gefühl gebraucht wird. Die Schalotten pellen und fein würfeln. In einem großen Topf, der für den gesamten Risotto reichen muß, in Butter sanft anziehen lassen. Den Reis zufügen, leicht salzen und unter Rühren glasig werden lassen. Mit einem Schluck trockenem Weißwein ablöschen, seine spritzige Säure tut dem Gericht gut.

In einem zweiten Topf haben Sie die Hühnerbrühe erhitzt und geben nun soviel davon zum Reis, bis dieser bedeckt ist. Sachte blubbernd nimmt der Reis die Flüssigkeit am Anfang schnell, später langsamer auf. Wenn Brühe fehlt, geben Sie wieder eine Kelle zu. Ein Risotto ist kein Gericht, das unbeaufsichtigt bleiben darf. Da muß ständig umgerührt und nach dem Rechten gesehen werden. Nach einer Viertelstunde ist schon ein ganzer Teil der Brühe verbraucht, der Reis deutlich voluminöser geworden. Jetzt fügen Sie die Spargelabschnitte zu und rühren gründlich um. Nach etwa 25 Minuten gesamter Kochzeit kann gegessen werden.

In der Endphase können Sie mit mehr oder weniger Brühe regulieren, wie suppig oder fest Ihr Risotto sein soll. Ein Spritzer Wein als Würze kann nicht schaden, aber bitte nur ein Spritzer. Mit Salz und Pfeffer würzen, nicht zu viel frisch geriebenen Parmesan unterziehen. Wer mehr Käse möchte, kann sich am Tisch bedienen, aber ein Risotto soll nicht von Käse dominiert werden. Schließlich wirkt auch noch ein Stück untergezogene Butter wahre Geschmackswunder.

Rustikaler Nudelauflauf

mit gekochtem Schinken und Champignons

Die Vorteile von Aufläufen sind nicht von der Hand zu weisen: Sie machen relativ wenig Arbeit – was nicht immer ein Kriterium für einen engagierten Koch sein sollte –, sie sind meist recht preiswert zu kochen, und man muß nicht auf die Minute pünktlich sein. Die Frauen unpünktlicher Männer wissen das zu schätzen ...

Bei den Mengen kommt es nicht so drauf an, Sie wissen in der Regel am besten, ob Ihre Tischgenosen ausgehungert nach Hause kommen oder aber nur ein »Häppchen« zu sich nehmen wollen. Im Zweifel lieber ein bißchen mehr vorbereiten, denn wenn was übrig bleibt, kann man es auch ganz gut warmmachen.

Zunächst schnappen Sie sich eine feuerfeste Form aus Jenaer Glas, Porzellan, Keramik oder Gußeisen. Die buttern Sie gut aus und geben dann dem Backofen die Sporen. 200 Grad dürfte in etwa die richtige Temperatur sein. Die Nudeln – das können Spaghetti, Makkaroni, Penne, Spätzle oder auch Zöpli sein – in Salzwasser so kochen, daß sie noch etwas Biß haben. Kalt abbrausen, abtropfen lassen und zur Seite stellen.

Die Schalotten in kleine Würfel schneiden und in einer großen, hochwandigen Pfanne in einem Butter-Öl-Gemisch glasig werden lassen. Den kleingeschnittenen gekochten Schinken zugeben und schließlich blättrig geschnittene frische rosa Champignons zufügen und mit anbraten. Mit Pfeffer, Salz und Thymian abschmecken. Sie können auch noch ein paar Dosentomaten durch ein Sieb streichen und mit in die Pfanne geben. Allerdings müssen Sie dann die Flüssigkeit ein bißchen einkochen lassen.

Nun geben Sie eine Schicht Nudeln in die Form. Darauf kommt eine Lage Fleisch-Gemüse-Gemisch, wieder Nudeln usw. Die oberste Schicht sollte aus Nudeln bestehen. In einer Schüssel vermischen Sie die Eier, die Créme fraiche und die Sahne, würzen mit Salz, Pfeffer und ein wenig Muskat und geben diese Mischung über den Inhalt der Form.

Das Leckerste an solch einem Auflauf ist für mich immer die etwas knusprige Käseschicht. An deren Vorbereitung machen wir uns nun. Dazu reiben Sie zunächst einmal den Käse. Was für welchen? Das könnte Emmentaler sein oder Gruyere, Gouda oder Edamer. All diese Sorten könnten Sie mit ein bißchen Parmesan vermischen, der ebenfalls frisch vom Stück gerieben sein sollte.

Der Käse oder das Käsegemisch wird nun dick über die anderen Zutaten gestreut und mit Butterflocken besetzt. Ab in den inzwischen heißen Ofen mit der Form und warten, bis ein köstlicher Duft durch die Küche strömt. Eine runde halbe Stunde sollten Sie als Garzeit ansetzen. Wenn Ihnen der Käse zu schnell braun wird, so können Sie die Form mit einem Bogen Alufolie abdecken.

Zutaten (4 Personen):

500 g	Nudeln
200 g	rosa Champignons
200 g	gekochter Schinken
100 g	geriebener Käse
4	Eier
2	Schalotten
1	Dose geschälte Tomaten
1/2	Becher Créme fraiche
1/2	Becher Sahne
	Butter/Öl
	Thymian
	Muskat
	Pfeffer, Salz

Spaghetti

mit Sauce Bolognese

Zutaten (4 Personen):

400 g	Mehl
4	Eier
1/2 Tl	Salz
2 El	Öl
	Wasser

Zutaten Sauce:

500 g	Tomaten
125 g	gestreifter Speck
250 g	Rinderhack
250 g	Schweinehack
1	Karotte
3	Schalotten
1	Stange Sellerie
1	Knoblauchzehe
	Olivenöl
	Pfeffer, Salz

Dieses herrliche Gericht ist leider zu einem Produkt der Massenabfertigung verkommen. Es ist unsäglich, was einem in Autobahnraststätten, aus Fertigpackungen, bei Schicki-Mikki-Italienern, in Kantinen und anläßlich von italienischen Wochen vorgesetzt wird. Spaghettiqualität: miserabel, Sauce: indiskutabel, Parmesankäse: staubig und geschmacklos.

Es geht allerdings auch ganz lecker, und diesen Beweis trete ich hier und heute an. Den Anfang mache ich mit den selbstgemachten Nudeln. Die werden in Salzwasser mit einem Schlückchen Öl als Beigabe gekocht. Nicht nach Zeit, sondern nach Biß – das heißt, durch ständige Probenudeln auf der Gabel.

Abgießen, ausdämpfen lassen, ein Stück Butter rein – fertig. Auch Teil drei ist schnell abgehakt: An meine Spaghetti lasse ich nur besten frisch geriebenen Parmesan und sonst nichts.

Bleibt die Sauce Bolognese, und die »geht« so: Den gestreiften Speck schneide ich in feine Würfel und lasse diese in neutralem Öl in der Pfanne aus. Die Schalotten, die Karotte, den Sellerie und nach Lust und Laune Knoblauch ebenfalls fein würfeln und die Gemüse dann zu den Speckwürfeln geben. Das Gehackte zufügen und ebenfalls mit anbraten. Sie sehen schon: Eine große Pfanne ist vonnöten.

Wenn alle Zutaten Farbe angenommen haben, mit einem Glas trockenem, fruchtigem Rotwein ablöschen, die Rückstände vom Pfannenboden losschaben und die Flüssigkeit verkochen lassen. Noch ein Glas Rotwein oder die entsprechende Menge Brühe zugeben.

Nun muß noch ein Pfund Tomaten her. Auf frische Ware sollten Sie nur zurückgreifen, wenn sie wirklich reif und aromatisch ist. Holländische Wasserklopse im roten Gewand, nein danke! Gib's keine gescheiten Tomaten frisch, dann muß geschälte Ware aus Dosen her, und die gibt es auch in sehr guter Qualität.

Frische Tomaten werden überbrüht, eiskalt abgeschreckt, enthäutet, geviertelt, entkernt und gewürfelt. Dosenware ist nach dem Abtropfen zu zerschnippeln.

Die Tomatenwürfel kommen mit in die Pfanne, Tomatenmark, Salz, Pfeffer und Oregano zufügen und die Sauce anderthalb Stunden lang leise köcheln lassen. Bei Annäherung an den Topf bitte Obacht: Tomatensaucen haben die unangenehme Eigenschaft, tückisch zu spritzen. Das gibt erstens üble Flecken, und zweitens tut's auf der Haut schrecklich weh. Zwischendurch immer wieder umrühren und bei Bedarf etwas Brühe zufügen.

Nach der Kochzeit noch einmal abschmecken, die Nudeln wie oben beschrieben garen und alles schön heiß auf den Tisch bringen. Als Getränk schmeckt mir zu diesem herrlichen Alltagsgericht einfacher italienischer Rotwein.

Übrigens: Die Sauce Bolognese können Sie auch gleich in größeren Mengen herstellen und einfrieren. Dann müssen Sie, auch wenn's mal schnell gehen soll, keine Saucenschachteln mehr aufreißen.

Dies & Das

Blätterteigpastete

mit Kalbfleisch oder Kalb im Reisrand

Zutaten (4 Personen):

600 g	Kalbfleisch
20 g	Butter
2-3 l	Wasser
0,25 l	Sahne
1 EL	Mehl
	Blätterteigpasteten
1 EL	Pfefferkörner
1	Stück Kochfleisch und Knochen
1	Bund Suppengrün
1	große Zwiebel
1	Lorbeerblatt
	Zitronensaft
	Worcestersauce
	Thymian

Kalbfleisch stand lange nicht auf dem Speisezettel in meiner Küche. Das hatte auch damit zu tun, daß diese jungen Viecher vor nicht allzu langer Zeit heftig ins Gerede gekommen sind. Allerlei Wunderdrogen aus den Schubladen und Köfferchen der Tier-Pharmazeuten hatten die weißfleischigen Vierbeiner zu Appetitverderbern gemacht; ihr Fleisch erwies sich in der Folge in vielen Schlachtereien als fast unverkäuflich.

Inzwischen sind die Wogen der Erregung ein wenig geglättet – also kriegt das in Mißkredit geratene Kalbfleisch auch hier mal wieder eine Chance. Ein feines Kalbsragout möchte ich heute mit Ihnen kochen, das in Königin-Pasteten gefüllt ein sehr schöner Party-Imbiss ist, das aber beispielsweise mit Reis auch ein Mittagessen sein kann.

Der Anfang aller Dinge ist mal wieder eine Brühe – in diesem Fall natürlich vom Kalb. Das Kochfleisch und die Knochen in kaltem Wasser aufsetzen. Den bei der Erhitzung aufsteigenden grauen Schaum mehrmals abschöpfen. Die kleingewürfelten Gemüse und die Gewürze zugeben und alles zum Kochen bringen. In diesem Moment kommt der Hauptakteur mit in den Topf: das Stück schieres Kalbflesich aus Keule oder Schulter für das Ragout. Jetzt darf die Brühe nicht mehr kochen, sie sollte nur sehr sacht vor sich hinziehen.

Kommt der Ansatz doch mal ins Wallen, so ist ein Schuss kaltes Wasser der Helfer in der Not. Wenn das Fleisch für das Ragout gar ist, nehmen Sie es heraus und lassen es abkühlen. Die Brühe darf noch eine gute Stunde vor sich hinsieden.

Das Kalbfleisch können Sie inzwischen würfeln, dabei sollte die Kantenlänge höchstens einen Zentimeter betragen. Für vier Personen haben Sie sich ein halbes Pfund rosa Champignons besorgt – es können auch ein paar mehr sein. Die werden geputzt, in Scheiben geschnitten und in Salzwasser mit einem Schuss Zitronensaft rund fünf Minuten gegart. Gut abtropfen lassen. Die Brühe durch ein Sieb geben und Fleisch- und Gemüsereste gut ausdrücken. Die aufgefangene Flüssigkeit dürfte etwa dreiviertel Liter betragen. Kalt werden lassen.

Jetzt kommt die wichtigste und kniffligste Arbeit: Für das Ragout brauchen Sie eine Velouté, oder eine Samtsauce. Dazu geben Sie Butter in einen Topf und lassen darin eine fein gewürfelte Zwiebel glasig werden. Einen gehäuften Esslöffel Mehl darübergeben und gut unterrühren. Unter ständigem Rühren hell anschwitzen. Nun die kalte Brühe schöpflöffelweise zugeben und unter gründlichem Rühren erhitzen.

Sie müssen aufpassen, daß der Topfboden immer von Klümpchen freigehalten wird, da das Mehl leicht ansetzt. Die Sauce gut durchkochen lassen, einen Viertelliter Sahne zugeben und einkochen lassen. Durch ein Sieb passieren – Perfektionisten geben sie durch ein Tuch.

Die Velouté mit Salz, weißem Pfeffer, Zitronensaft und Worcestersauce abschmecken. Das gewürfelte Kalbfleisch und die Champignons darin erhitzen, aber nicht mehr kochen lassen. Das Kalbfleischragout in Blätterteig-Pasteten füllen oder im Reisrand servieren.

Flammekuchen

mit Speck und Zwiebeln

Zutaten (3 Bleche):

1 kg	Weizenmehl
500 g	Quark
450 g	Crème fraiche (3 Becher)
400 g	Zwiebeln
250 g	gestreifter Speck
250 g	Edamer oder Emmentaler
0,25 l	Wasser
0,2 l	Milch
6 EL	neutrales Öl
4	Eier
1	Würfel Hefe
	Muskat
	Paprika
	Pfeffer, Salz

Heute präsentiere ich Ihnen eine Spezialität, die sehr an Urlaub, Sommer, Terrasse und Fröhlichsein erinnert. Flammekuchen heißt eine badische Spezialität, die am allerbesten aus dem mit Rebholz befeuerten Ofen schmeckt. Nun habe ich weder Backhaus noch Rebholz, aber Wein trink' ich gern, und Appetit auf einen kleinen Happen dazu hab' ich auch.

Was liegt also näher, als sich mit den Gegebenheiten abzufinden und den Flammekuchen nach Norddeutschland zu importieren. Das ist ein einfacher Hefeteig, der mit einer Mischung aus Quark, Crème fraiche und Eiern bestrichen wird, Zwiebel- und Speckwürfel sowie etwas Käse drauf – 20 Minuten später kann gegessen werden.

Ich könnte Ihnen jetzt die Rezeptur für ein Blech aufschreiben. Mach' ich aber nicht. Erstens ist diese Menge gerade einmal für vier Personen ausreichend, zweitens ist der Abend länger als man denkt, drittens schmeckt der Flammekuchen auch kalt, und viertens läßt er sich bestens einfrieren. Ich habe davon immer ein paar Platten im Vorrat, wenn's mal schnell gehen muß, ist das genau das richtige.

Zunächst setze ich den Vorteig an. Dafür löse ich die Hefe in der lauwarmen Milch auf und mische 2 EL vom Mehl darunter. Gut durchrühren und eine Viertelstunde stehen lassen. Ich siebe das Mehl in eine große Schüssel, drücke eine Mulde hinein, gebe 1 TL Salz, das Öl und den Vorteig hinein. Mit einer Gabel verrühre ich die Zutaten grob. Dabei wird schnell klar, daß noch Flüssigkeit fehlt. Ich nehme dafür Wasser, gebe aber nicht gleich die ganze Menge zu. Man muß ein bißchen aus-

probieren, wieviel Wasser der Teig benötigt. Zuschütten kann man immer noch mehr. Den Teig zügig glattkneten, er soll nicht zu klebrig sein. In drei Teile teilen, die Bälle in der Schüssel zugedeckt an einem warmen Ort eine halbe Stunde gehen lassen.

In der Zwischenzeit bereite ich den Belag vor. Die Zwiebeln werden fein gewürfelt, das gilt auch für den gestreiften Speck.

Etwas leichter wird die Sache, wenn Sie gleich Würfelschinken kaufen. Der Speck darf nicht zu salzig sein, sonst müßten Sie ihn vor der Verwendung blanchieren. In eine dritte Schüssel reibe ich den Käse.

Fehlt noch der Sahneguß. Dafür mische ich Quark, Crème fraiche, Eier, Salz, Pfeffer, Muskat, Paprika und vielleicht noch eine Spur Cayenne. Finger rein, ablecken, und schon weiß ich mehr.

Die Backbleche fette ich mit Öl ein, rolle den Teig entsprechend aus. Auf dem Blech verteile ich ihn mit einem Pizzaroller (gibt's im Haushaltswarengeschaft) bis in die Ecken und gieße nun den Eierquark drauf. Mit einem Eßlöffel oder einer Palette verteilen. Mit lockerer Hand streue ich nun Zwiebel und Speckwürfel auf die Fläche, gebe geriebenen Käse drüber und träufele eine Spur gutes Öl über den Flammekuchen.

Flamme kommt allerdings erst jetzt dran, denn das erste Blech wandert in den auf 220 Grad vorgeheizten Backofen. Nach 20 Minuten sollten Sie das erste Mal nachsehen, wenn nicht unwiderstehliche Schwaden Sie ohnehin

schon in die Küche gelockt haben. Die 20-Mi-
nuten-Version ist in meinem Backofen perfekt
zum Einfrieren, was frisch serviert wird, lasse
ich eine knappe halbe Stunde drin. Kurzbacken
deshalb, weil der Flammekuchen aus dem Vorrat ja noch einmal aufgebacken werden muß.
Erst dann bekommt er seinen endgültigen
Gargrad.

Und weil die Biertrinker unter Ihnen das Buch vielleicht
ganz traurig sinken lassen:
Zum Bier (insbesondere Wei-
zenbier!) schmeckt der Flammekuchen mindestens ge-
nauso gut wie zum Wein.

Die badische Abart der Pizza ist darüber hinaus ganzjährig ein Genuss, vom Abend auf
der Terrasse bis zum Imbiss nach dem Schlitt-
schuhlaufen.

Kalter Kirschkuchen

mit einer großen Portion Frischkäse

Kennen Sie auch die alten handgeschriebenen Kochbücher mit Rezepten aus dem Familienschatz? Mit Fettspritzern, Eselsohren und sonstigen Zeugnissen langjähriger Benutzung? Diese Rezepturen sind teilweise so interessant, daß Kochbuchverlage sie schon nachgedruckt haben – inklusive der Fettspritzer.

Ein solches Kochbuch in Schönschrift führt auch die Freundin einer Freundin, die eine Nachbarin kennt – undsoweiter. Wie dem auch sei: Das Ergebnis dieses mehrfach weitergegebenen Rezepts aus Rethorn war derart gut, daß ich es Ihnen nicht vorenthalten mag. Es handelt sich dabei um einen kalten Kirschkuchen mit einer ordentlichen Portion Frischkäse. Ein Kuchen, von dem unsere Freundin behauptet: »Der bringt was auf die Hüften.«

Die weiche Butter wird mit den im Mixer zerbröselten Löffelbiskuit verknetet und gleichmäßig auf den Boden einer Springform (26 cm) verteilt. Den zimmerwarmen (ganz wichtig!) Frischkäse mit dem Puderzucker cremig rühren. Die Zimmertemperatur ist deshalb gefragt, weil sich der zu kalte Käse nicht auf den Biskuitbröseln verteilen läßt. Das backt und klebt dann wie verrückt, das Backvergnügen schlägt in schiere Wut um.

Mit einem ab und zu in heißes Wasser getauchten Esslöffel läßt sich der geschmeidige Käse gut verteilen. Darüber streuen Sie nun die fein gehackten Mandeln. Die, finde ich zumindest, schmecken etwas angeröstet noch mal so gut. Nun schmeißen Sie Ihren Handrührer an und schlagen die Sahne mit Vanillezucker und Sahnesteif schön fest. Die Sauerkirschen sorgfältig abtropfen lassen und unter die Sahne heben. Die Kirschsahne als nächste Schicht in die Form einfüllen.

Vom aufgefangenen Kirschsaft messen Sie einen Viertelliter ab und rühren darin das Tortengußpulver nach Packungsvorschrift an. Kurz bevor der Guss anzieht, das heißt fest wird, geben Sie die rote Brühe über die Sahneschicht. Nun kommt die Torte für ein paar Stunden in den Kühlschrank und kann dann am besten mit einem in heißes Wasser getauchten Messer aufgeschnitten werden.

Das Ergebnis dieses Backtages ohne Backofen ist so überwältigend gut, daß ich mir ohne jede Rücksicht auf Hüften oder sonstige Röllchen-gefährdeten Körperteile zwei Stücke in die Figur geschoben habe. Über Risiken und Nebenwirkungen kann ich nur soviel sagen: Von dem Zeug kann man süchtig werden.

Leipziger Allerlei

Leipziger Allerlei – das ist wie Braunkohl: Rezepte gibt es viele. Deshalb ist es ziemlich wurscht, ob Sie sich an meine Gemüseliste halten oder das eine oder andere einfach austauschen oder weglassen. Eines muß allerdings sein: Der Reiz dieses Klassikers aus Sachsen liegt in der Vielfalt und der Frische der Zutaten.

Ich beschränke mich hier auf die »gemüsigen« Zutaten, lasse zum Beispiel Morcheln oder Krebse weg, die in manchen Rezepten vorkommen. Diese Edelprodukte mögen gut zum Gemüse passen, nach meinem Geschmack verfälschen sie jedoch den Reiz des Gerichts.

An die Arbeit, Hausfrauen und/oder –männer! Zunächst gilt es, die Gemüse sorgfältig zu putzen. Schälen, schälen, schälen, da freut sich der Kompost. Der Blumenkohl wird in kleine Röschen zerteilt, die etwa die Größe der anderen Gemüse haben sollten. Ich schnipple alles in Abschnitte von etwa der Länge eines kleinen Fingers. Perfektionisten bringen die Karotten- und Kohlrabistäbchen noch in eine rundliche Form (»tournieren«), bequeme Naturen lassen sie so, wie sie sind.

Nun geht's ans Eingemachte. Die Gemüse werden nämlich alle nacheinander in leicht gesalzenem Wasser gegart. Nacheinander, weil die Zutaten verschiedene Garzeiten verlangen, alle Gemüse jedoch auf dem Teller den gleichen Gargrad haben sollen. Ich gare die Zutaten so, daß sie ruhig noch ein wenig Biß haben, nachher werden sie nämlich noch in Butter geschwenkt und garen dabei etwas nach.

Die Prozedur ist etwas aufwendig, das Ergebnis aber optimal. Ich beginne mit dem Spargel, werfe die Köpfe allerdings erst fünf Minuten nach den anderen Abschnitten in das kochende Wasser. Ab und zu die Bißprobe – das gilt für alle Zutaten -, dann wissen Sie, wann das Gemüse raus muß. Raus heißt hier wie bei allen anderen Fällen: in eiskaltes Wasser. Der Garprozeß wird so schlagartig gestoppt. Die ausgekühlten Gemüsestücke kommen in eine große Schüssel. So arbeiten Sie sich Sorte für Sorte voran und haben schließlich ein buntes Leipziger Allerlei. Im Topf bleibt eine Gemüsebrühe zurück, die sich wunderbar weiterverwenden läßt.

Endspurt. In einem ausreichend großen Topf wird eine ordentliche Portion Butter heiß gemacht, sie soll jedoch nicht braun werden. Die Gemüse hineingeben, ein paar Minuten lang heiß werden lassen, zwischendurch immer mal wieder vorsichtig umrühren.

Das war's, jetzt können Rindfleisch am Faden und Leipziger Allerlei um die Ehre des größten Genusses wetteifern. Fleisch und Gemüse sind so mager, daß es kaum auszuhalten ist. Brigitte-Diät ist dagegen die reine Völlerei. Damit Sie und ich nicht schlagartig abnehmen, gibt es zu Fleisch und Gemüse eine Bèarnaise. Sie wissen doch: eine Sauce Hollandaise, die kräftig mit Estragon gewürzt wird. Muß ja nicht gleich ein halber Liter pro Nase sein ... Die paßt perfekt zum Fleisch und zum Allerlei und ist das Bindeglied zwischen den beiden Akteuren.

Zutaten (6 Personen):

250 g	Spargel
200 g	Karotten
200 g	Zuckerschoten
200 g	grüne Bohnen
1	kleiner Blumenkohl
1	Kohlrabi
	Butter
	Pfeffer, Salz

Miesmuscheln

im Weißweinsud

Zutaten (4 Personen):

4 kg	Miesmuscheln
0,4 l	Weißwein
0,4 l	Wasser
4	Karotten
4	Zwiebeln
4	Knoblauchzehen
4	Nelken
2	Lorbeerblätter
2	Stangen Lauch
	Butter/Öl
	Thymian
	schwarze Pfeffer-
	körner
	Salz

Muscheln sind ein überaus geselliges Essen, ähnlich wie Fondue oder Raclette. Zudem sind die Dinger preiswert, und sie lassen sich in vielen Variationen zubereiten. Die gängigste und vielleicht auch die leckerste Zubereitungsart ist die in Weißweinsud. An diesem Klassiker läßt sich nichts mehr verbessern, wenngleich man sich auch hier nicht sklavisch an irgendwelche Zutatenlisten halten muß. Kochen ist keine Alchemie, hat vielmehr etwas mit Gefühl, Geschmack und einem guten Händchen zu tun.

Bei Muscheln von der deutschen Nordseeküste sollten Sie nach Möglichkeit kleine Ware nehmen. Besonders aromatisch sind die französischen Bouchot-Muscheln mit ihrem gelben Fleisch. Oberstes Gebot ist Frische, da dürfte die Ware von der hiesigen Küste Vorteile haben. In den meisten Fällen sind die Miesmuscheln gewaschen. Das heißt, die Seepocken sind weg, der Sand ist größtenteils raus und die Barten sind ab. Mit der Arbeitsersparnis für die Köchin oder den Koch erkauft man sich jedoch auch eine geringere Haltbarkeit. Wer Angst vor dem Herumkauen auf Sand hat, sollte die Muscheln vor der Zubereitung in reichlich kaltes Wasser geben. Die Tiere saugen sich noch einmal voll und entsanden ganz natürlich. Beschädigte und weit geöffnete Muscheln aussortieren und wegwerfen.

Das Gemüse putzen und in streichholzdünne Streifen (Juilienne) schneiden. Für die Zubereitung brauchen Sie den größten verfügbaren Suppentopf. In ihm erhitzen Sie eine Mischung aus Butter und Öl und schwitzen darin die Gemüsestreifen an. Wein und Wasser, besser noch Fischfond, zugeben. Die Gewürze in ein Tee-Ei packen und dieses praktische Ge-

rät in den Topf hängen. Den Sud kräftig sprudelnd aufkochen. Nun die Hälfte der Muscheln in den Topf geben. Deckel drauf. Nach drei, vier Minuten einmal kräftig durchrütteln und noch einmal so lange garen. Sie heben den Deckel – und ein köstlicher Duft strömt Ihnen entgegen.

In der Zwischenzeit haben Sie eine große Schüssel und tiefe Teller im Backofen vorgewärmt, an die Schalenteller und Servietten gedacht, frisches Baguette und Butter serviert, einen knochentrockenen Weißwein eingeschenkt und zu Tisch gebeten. Die Muscheln mit einer Schaumkelle in die Schüssel geben, den Sud abseits vom Feuer etwas beruhigen lassen. Erst jetzt mit Salz, Pfeffer und Zitrone abschmecken. Mit Salz sollten Sie vorsichtig sein, weil die Muscheln von Haus aus viel davon mitbringen. Alles mit etwas Sud begießen – und schon kann das Vergnügen losgehen. Das beste Werkzeug zum Essen ist die Muschel selbst. Nachdem das erste Exemplar von Hand ausgeräumt wurde, hat man nun eine kleine Zange, mit der weitergegessen wird.

Inzwischen die zweite Portion zubereiten. Nun können Sie auch mit dem Sud großzügiger sein und geben jeweils eine Kelle in die tiefen Teller. Allerdings sollten Sie die Brühe nicht zu sehr aufwühlen, da sonst der Sand und Kalkstückchen die Zähne knirschen lassen. Besonders gut und konzentriert wird der Sud, wenn Sie ihn während des Essens kräftig einkochen lassen, durch ein feines Sieb geben und mit etwas Sahne verfeinern. Über die restlichen Muscheln geben. Diese Köstlichkeit wird begeistert mit dem Baguette aufgestippt.

Rohkost

mit Quarksauce oder herber Zabaione

Zutaten:

- Karotten
- Salatgurke
- Sellerie
- Paprika
- etc.
- Quark
- Milch oder Joghurt
- Olivenöl
- Zitrone

Zutaten (Zabaione):

0,2 l	Weißwein
6	Eigelb
	Olivenöl
	frischer Pfeffer
	Salz

So ein schöner lauer Sommerabend auf der Terrasse oder auf dem Balkon ist eine feine Sache. Nur zum Kochen fehlt dann vielfach die große Lust. Und ein Brot mit Wurst und Käse ist auch nicht immer der wahre Jakob, die Grillerei ist inzwischen auch ein bißchen ausgeleiert. Wie wäre es denn dann mit Rohkost?

Rümpfen Sie bitte nicht gleich verächtlich die Nase, denn frisches Gemüse in rohem Zustand hat durchaus seine Reize – besonders dann, wenn es mit einer schmackhaften Sauce serviert wird. Rohkost ist gut vorzubereiten, belastet wenig, kann als Vorspeise oder sogar als eigenständiges Gericht serviert werden. Auch Kinder haben großen Spaß an der kollektiven Einstipperei.

Zunächst einmal benötigen Sie Gemüse. Und da eignet sich alles, was fest ist und sich in Streifen schneiden läßt. Stellen Sie sich am besten Ihr eigenes Sortiment zusammen. Die Vorbereitungen für die große Stipperei sind denkbar kurz. Alle Gemüse werden geputzt, eventuell geschält und von Kernen befreit. Paprika sollten Sie unbedingt das »Fell« abziehen oder mit einem Sparschäler abschneiden. Die Haut ist schwer verdaulich, die Kauerei darauf nicht gerade angenehm. Die Gemüse in mundgerechte Streifen schneiden und auf einer großen Platte anrichten. Mit einem feuchten Tuch bedecken und bis zum Verzehr kühl stellen. Rechtzeitig auf Genußtemperatur bringen!

Fehlen noch die Saucen. Da habe ich Ihnen heute zwei Angebote zu machen: eine herbe Weinzabaione und einen mit feinem Olivenöl verfeinerten Quark.

Die Eigelbe mit dem Wein gründlich verquirlen und über einem Wasserbad sorgfältig aufschlagen. Bedenken Sie: Zu große Hitze ist der Feind jeder Ei-Sauce. Wenn Sie sorgfältig schlagen und die Hitze nicht zu groß werden lassen, dann haben Sie nach ein paar Minuten eine wunderbar sämige Sauce im Topf, die nur noch abgeschmeckt werden muß. Sollte Ihnen die Zabaione für Ihren Geschmack zu dick geraten sein, dann verdünnen Sie sie mit etwas Brühe. Allerdings soll sie so zähflüssig bleiben, daß beim Eintunken der Gemüsestreifen auch Sauce daran hängen bleibt.

Vorschlag zwei ist eigentlich keine Sauce, erfüllt jedoch denselben Zweck. Möglichst frischer, bester Quark ist in diesem Fall die Grundlage, der durch die Beigabe von feinstem Olivenöl eine unvergleichlich aromatische Note bekommt. Auch hier dürfen Pfeffer und Salz nicht fehlen. Zum Abschmecken Zitrone verwenden, und zum Verdünnen eignen sich in diesem Fall besonders gut Milch oder Joghurt.

Bei den Mengen von Gemüse und Sauce sollten Sie ruhig ein bißchen großzügig sein. Auch wenn Sie jetzt noch in bezug auf die Akzeptanz Ihrer Rohkostplatte skeptisch sein sollten – es wird immer mehr gefuttert, als man vorher denkt. Ich spreche da aus eigener Erfahrung. Wie oft kam schon eine Riesenplatte mit Gemüsen auf den Tisch, eine große Schüssel mit Sauce dazu – und eine halbe Stunde später heulten sich die Kinder fast die Augen aus dem Kopf, weil alles weg war.

Serviettenknödel

Ganz profan ausgedrückt funktioniert das Rezept so: Altbackene Brötchen werden in Butter, Milch und Eigelb eingeweicht, mit Eiweiß vermischt, in ein Tuch eingerollt und über Dampf gegart. Das ist alles. Aber weil noch ein paar Zeilen für's Geld gefüllt werden müssen, kommt das Ganze jetzt noch mal ausführlich.

Von den Brötchen die harten, krossen Kanten grob abschneiden und in Würfel von gut einem Zentimeter Kantenlänge schneiden. Dazu brauchen Sie kein Maßband, sondern nur etwas Gefühl mit einem scharfen Messer.

Drei bis vier Schnitte in der Längsrichtung, Brötchen dabei hochkant – schon liegen vier, fünf Brötchenscheiben vor Ihnen. Dreimal längs von oben – schon haben Sie feine Brötchen-Stäbchen. Jetzt das Ganze noch ein paarmal quer durchgeschnitten und die Hauptarbeit ist gemacht.

Wenn Sie in den Brötchenwürfeln nicht Ihren Daumen verloren haben, dann geht es jetzt so weiter: Die Würfel in eine große Schüssel geben, die flüssige Butter drübergeben. Milch und Eigelb und das Salz verquirlen und zu den Brotwürfeln geben. Gründlich durchmischen und zehn Minuten durchweichen lassen. Die beste Mischmaschine sind übrigens Ihre Hände. Stellen Sie sich bloß nicht eklig an, als Kind haben Sie doch auch gern Eierpampe in der Sandkiste gemacht – oder? Nach der Einweichzeit das steifgeschlagene Eiweiß unter die Masse ziehen.

Nun muß ein sauberes, ausgespültes Geschirrtuch her, das flach auf einer Arbeitsfläche ausgebreitet und mit flüssiger Butter bestrichen wird. In die Tuchmitte kommt die Brötchen-Eierpampe und wird mit den Händen zu einer dicken Wurst geformt. Eine Längsseite des Geschirrtuches umschlagen und den Teig ganz einrollen. Die Enden des Tuches wie Wurstzipfel zusammendrehen und mit Haushaltsgarn zusammenbinden.

Jetzt brauchen Sie einen großen Topf, in den die dicke Rolle ganz hineinpaßt und der einen gut schließenden Deckel hat. Gut eignen sich beispielsweise ovale Schmortöpfe. Gegart werden die Serviettenknödel über Dampf, sie sollten auf keinen Fall im kochenden Wasser schwimmen. Ich gebe in meinen Schmortopf bei solcher Gelegenheit zwei fingerbreit Wasser und stelle zwei Tassen über Kopf hinein. Das Wasser zum Kochen bringen, die Rolle kommt auf die Tassen, Deckel auf den Topf und in der Saunahitze vergnügen sich die Armen Ritter, wie die Knödel auch genannt werden, nun für etwa 40 Minuten.

Zwischendurch immer mal wieder kontrollieren, ob noch Wasser im Topf ist. Wenn nicht, ein bißchen nachfüllen. Nach Ende der Garzeit den Servittenknödel herausnehmen, die Bindfäden lösen, das Tuch abrollen, den »Braten« in Scheiben schneiden und anrichten.

Serviettenknödel schmecken gut als Beilage zu Sauerbraten oder auch gekochtem Rindfleisch. Sie sind aber auch solo genossen ein leckeres Gericht, wenn man die Scheiben in Butter braun brät. Übrigens: Was nicht aufgegessen wird, schmeckt auch am nächsten Tag. Sie können die Knödelscheiben auch problemlos einfrieren.

Zutaten (4 Personen):

7	altbackene, weiche Brötchen
0,2 l	Milch
50 g	geschmolzene Butter
4	Eigelb
4	Eiweiß
1/2 TL	Salz

Pichelsteiner Eintopf

mit einer Vielfalt an Gemüse und Fleisch

Zutaten (6 Personen):

750 g	mageres Fleisch (Rinderbrust, Kalbsbrust, Schweinenacken oder Lammschulter)
400 g	Kartoffeln
250 g	Karotten
100 g	Sellerie
1 l	Brühe
2	Markknochen
2	Zwiebeln
1	Bund Petersilie
1	kleiner Spitz- oder Wirsingkohl
1	Stange Lauch
	Öl oder Schmalz
	Schweineschmalz
	Kümmel
	Pfeffer, Salz

Ein Pichelsteiner Eintopf ist eine leichte Alternative zum doch recht fetten Traditions-Winteressen. Leichte Brühe, viel Gemüse, mageres Fleisch – da kann eigentlich nichts schiefgehen. Besonders gut wird der Pichelsteiner, wenn gleich mehrere Sorten Fleisch und Gemüse gekocht werden, sozusagen als Bolito misto des Nordens. Als Grundlage ziehe ich eine kräftige Rinderbrühe vor, mit Kalbs- oder Hühnerbrühe läßt sich dieser Eintopf jedoch auch gut kochen. Oder nehmen Sie doch einmal Lammbrühe – das Gericht bekommt sofort einen anderen Charakter.

Nun aber Messer gewetzt und die Schürze umgebunden. Menschen, die nicht so sehr auf Fleisch stehen, können den Gemüseanteil problemlos erhöhen und dafür weniger Fleisch nehmen. Ganz fleischlos sollte der Pichelsteiner allerdings nicht gekocht werden. Dann wäre es nämlich kein Pichelsteiner, sondern ein Gemüseeintopf. Das Fleisch sorgfältig parieren, das heißt, von allen überflüssigen Anhängseln befreien, die die Schlachter so gern dranlassen. Die Fleischsorten in Würfel von Gulasch-Größe schneiden. In Öl oder Schmalz ringsherum anbraten, mit Pfeffer und Salz würzen.

Die Gemüse putzen, schälen und würfeln. Vom Spitzkohl oder Wirsing den Strunk herausschneiden und den Kohl in breite Streifen zerteilen. Den Lauch in Streifen schneiden. Das Rindermark aus den Knochen lösen, in Scheiben schneiden und damit die feuerfeste Form oder die Terrine für den Pichelsteiner auslegen. Schichten Sie die anderen Zutaten der Reihe nach ein: Fleisch, Gemüse, Kartoffeln, wieder Fleisch – und so weiter, bis alles verbraucht ist. Jede Schicht mit Pfeffer, Salz und Kümmel würzen. Nun die kochend heiße Brühe angießen. Sie sollten so viel davon nehmen, daß die oberste Schicht gerade eben bedeckt ist. Deshalb läßt sich im voraus auch nicht sagen, wieviel Brühe Sie für Ihren Topf benötigen. Eines ist jedoch wichtig: Die Brühe sollte selbstgemacht sein und nicht aus irgendwelchen Wunderwürfeln stammen. Und selbstverständlich sorgfältig entfettet sein.

Den Topf mit den bunten Zutaten verschließen Sie nun sorgfältig und stellen ihn in den Backofen. Bei 180 Grad dürften je nach Fleischsorte und -qualität wohl anderthalb bis zwei Stunden vergehen, bis das Essen fertig ist.

Im Prinzip bin ich ja gegen jede andere Tätigkeit, während ich koche. Aber beim Pichelsteiner gibt's mal eine große Ausnahme. Die Zeit reicht für einen längeren Spaziergang. Während der Eintopf vor sich hinschmurgelt, holen Sie sich an der frischen Luft den nötigen Appetit. Wenn Sie zurückkommen, riecht es schon lecker in der Küche. Neugierige sollten sich noch im Zaum halten, geschaut, geschnüffelt, probiert wird erst nach Ablauf der Kochzeit. Jetzt ist auch der Punkt gekommen, zu dem alle Zutaten vorsichtig vermischt werden.

Noch einmal abschmecken und, wenn nötig, in eine vorgewärmte Suppenschüssel umfüllen. Die gewaschene und ausgeschleuderte Petersilie hacken, den Pichelsteiner damit bestreuen. Und fast ohne Arbeit steht urplötzlich ein leichtes, sättigendes und wohlschmeckendes winterliches Essen auf dem Tisch.

Wirsing

in Sahne geschmort

Die Uhren sind wieder für die Winterzeit umgestellt, die ersten Schokoladenweihnachtsmänner stehen in den Regalen – da darf es auf den Tellern auch wieder herbstlich werden. Damit der Abschied von der warmen Jahreszeit nicht so abrupt ausfällt, habe ich heute eine Gemüsebeilage ausgewählt, die mit sommerlichen Tomaten und herbstlichem Wirsing zwei Jahreszeiten miteinander verbindet.

Hier tritt der Wirsing in einer Nebenrolle auf, allerdings einer ganz charaktervollen. Als Beilage paßt das Gemüse perfekt zu weißem Geflügel oder Kaninchen. Und falls die Saucenmenge zum Fleischgang einmal besonders knapp ausfallen sollte, so bietet der Wirsing genügend sahnige Flüssigkeit zum Anfeuchten der Kartoffeln.

Die Vorbereitung ist auch in diesem Fall die halbe Miete. Die Wirsingblätter werden Stück für Stück sorgfältig vom Kopf geschnitten. Die ganz äußeren, vielleicht schon etwas »angefressenen« Blätter werfen Sie weg. Bis zu den blaßgelben wird Schicht für Schicht abgetragen. Aus den einzelnen Blättern schneiden Sie nun die groben Mittelrippen heraus. Die sind unangenehm kohlig und müßten viel zu lange gegart werden. Die halbierten Kohlblätter werden gewaschen.

Nicht zu zaghaft gesalzenes Wasser in einem ausreichend großen Topf zum Kochen bringen. Darin die Wirsingblätter in mehreren Partien eine Minute blanchieren. Sofort in eiskaltem Wasser abschrecken. So behält der Kohl seine schöne leuchtend grüne Farbe. Im kochenden Wasser in einem Aufwasch die Tomaten brühen und ebenfalls kalt abschrecken.

Nun lege ich sämtliche Wirsingblätter übereinander und drücke das Kohl-Paket kräftig aus. Keine Angst, da können Sie ordentlich hinlangen. Das Gemüse in grobe Streifen schneiden.

Die Tomaten häuten, die Stengel herausschneiden, die Früchte vierteln und die Kerne entfernen. Das schiere Fruchtfleisch würfeln. Die Schalotten pellen und fein würfeln. In einem Topf oder einer Sauteuse die Schalottenwürfel in Butterschmalz oder einer Mischung aus Öl und Butter sanft anziehen lassen. Die ausgedrückten Kohlstreifen zugeben und mehrfach gründlich umrühren. Das erste Mal mit Salz, Pfeffer und etwas Kümmel würzen.

Etwa fünf Minuten lang bei sanfter Hitze mehr schmoren als braten, die Restflüssigkeit des Kohls reicht dafür aus. Mit etwas Sahne ablöschen, sie verbindet sich sofort mit dem Kohl. Nun einen weiteren Schluck Sahne angießen und die Hitze etwas erhöhen. Schließlich den restlichen Becherinhalt zufügen und das Wirsinggemüse sanft köcheln lassen. Aber nicht lange! Es soll noch deutlich Biß haben. Ganz zum Schluß die Tomatenwürfel zufügen und sanft schmelzen lassen. Das Tomatenaroma paßt perfekt zu dem feinen Kohl. Ein letztes Mal abschmecken, ein paar Tropfen Zitrone könnten dem Gemüse auch noch ganz guttun.

Der Wirsing ist derart lecker, daß Sie möglicherweise sogar das Fleisch darüber vergessen könnten. Macht nichts! Zusammen mit ein paar buttrigen Kartoffeln stellt das Wirsinggemüse ein wunderbares vegetarisches Gericht dar. Dann bereiten Sie davon eben ein bißchen mehr zu.

Zutaten (4 Personen):

0,2 l	Sahne
4	Tomaten
2	Schalotten
1	Kopf Wirsing
	Butter
	Kümmel
	Pfeffer, Salz

Zwiebelkuchen und Quiche

Zwiebelkuchen:

750 g	Zwiebeln
250 g	Mehl
100 g	gestreifter Speck
50 g	Butter
25 g	Hefe
0,25 l	Sahne
1 TL	Salz
1	Tasse lauwarmes Wasser
5	Eier
	Thymian
	Pfeffer, Salz

Quiche:

300 g	Mehl
150 g	Butter
5 EL	lauwarmes Wasser
1 TL	Salz
1	Ei

Ein Stück Zwiebelkuchen oder eine Tartelette mit Lauch oder Champignons eignet sich gut als Vorspeise innerhalb eines Menüs oder auch – in einer kleinen Portion – als Appetithappen.

So, Taschentücher bereitgelegt, die große Heulerei beim Zwiebelschneiden geht los. Doch zuvor muß der (Hefe)teig gemacht werden. Aus der Hefe, dem Wasser und drei Esslöffeln Mehl rühren Sie zunächst einen Vorteig, der etwa eine Viertelstunde gehen sollte. Nun das Mehl auf eine Fläche sieben und in die Mitte eine Mulde drücken. Dorthinein kommen der Vorteig, das Ei, die zerkleinerte Butter, das Salz und eine Prise Zucker. Daraus schnell einen glatten Teig kneten und bei Bedarf noch etwas Wasser zugeben. Den Teig mindestens eine halbe Stunde lang unter einem Tuch gehen lassen.

In der Zwischenzeit drücken Sie auf die Tränendrüse: Zwiebeln schälen und in dünne Scheiben schneiden, den »gestreiften« Speck kleinwürfeln. Den Speck in einer Pfanne auslassen und darin die Zwiebeln glasig werden lassen. Dafür haben Sie die Hitze natürlich reduziert, weil Sie ja keine Röstzwiebeln haben wollen. Den Teig auf einem gefetteten Blech oder in Formen etwa drei Millimeter stark ausrollen, mit einer Gabel regelmäßig einstechen und mit dem Zwiebel-Speck-Gemisch belegen. Salzen und pfeffern.

Nun bereiten Sie aus den Eiern, der Sahne, Thymian, Salz und Pfeffer eine dickflüssige Sauce, die gleichmäßig über dem Zwiebelgemisch verteilt wird. Das Blech in den auf 220 Grad vorgeheizten Ofen schieben und rund eine halbe Stunde in der mittleren Schiene backen. Ist der Zwiebelkuchen in erster Linie ein ehrliches, deftiges Gericht, so können die Tarteletts aus Mürbeteig bis zu den Attributen »fein und raffiniert« reichen. Diese auch Quiche genannte Form der salzigen Kuchen backe ich am liebsten in kleinen runden Portionsformen, jedoch ist auch eine große Form denkbar. Den Teig nicht rühren, sondern möglichst schnell mit den Fingerspitzen zusammenkneten. Mindestens eine Stunde im Kühlschrank ruhen lassen. Für die Tarteletts müssen Sie vor dem Belegen in der oder den Formen blindbacken. Das heißt, daß zunächst nur die Törtchen gebacken werden. So kann die »Füllung« den Boden nicht durchweichen. Zum Blindbacken füllen Sie die Tarteletts entweder mit Erbsen oder Linsen, oder aber Sie nehmen geknüllte Alufolie. Beides muß vor dem Belegen wieder entfernt werden.

Den Belag können Sie ganz nach Lust und Laune auswählen. Er besteht (fast) immer aus Gemüse, Fleisch oder Fisch und wird mit einer Sauce überbacken. Probieren Sie einmal eine Lauchtorte. Dazu verteilen Sie auf den blindgebackenen Tarteletts zunächst in kleine Würfel geschnittenen Schinkenspeck. Den Lauch putzen und in dünne Ringe schneiden, dann in Butter anschwitzen, salzen, pfeffern und mit etwas Weißwein angießen. Den Lauch darin so lange ziehen lassen, daß er noch Biß hat. Abgetropft auf die Tarteletts verteilen.

Achten Sie immer darauf, daß die Saucen exakt abgeschmeckt sind. Eine Prise Salz wirkt oft Wunder. Sie können die Quiches heiß aus dem Ofen servieren, mir schmecken die Kuchen aber lauwarm fast noch besser.

Fisch

Gebratene Limandesfilets

auf Lauch in einer aromatischen Vinaigrette

Was steht für leichte Kost und gesunde Ernährung? Ich glaube, mir widerspricht niemand, wenn ich hier an erster Stelle Gemüse und Fisch nenne. Doch wer sich im Februar das Angebot an Frischware ansieht, der wird in aller Regel noch nicht auf Frühlingsboten stoßen.

So muss ich bei meinem zaghaften Anlauf, die Winterküche für abgeschlossen zu erklären, wohl oder übel auf Treibhausgemüse zurückgreifen, in diesem Fall ist das Porree. Un was den Fisch anbelangt, so dürfte es kaum Schwierigkeiten bereiten, an Limandes oder Schollen zu kommen. Die noch edleren Steinbutt oder Seezungen wären fast zu schade für dieses Gericht. Es ist übrigens sowohl als Hauptgericht als auch als ein überraschender Gang innerhalb eines Menüs zu servieren. Im zweiten Fall halbieren Sie einfach die angegebenen Mengen.

Die Plattfische lassen Sie am besten gleich vom Fischhändler filieren und enthäuten. Die Parüren, also die Gräten, Häute und Abschnitte, können Sie sich für einen guten Fischfond mitgeben lassen.

Die Fischfilets abspülen, sorgfältig auf Gräten abtasten und mit Haushaltskrepp trockentupfen. Ein Ei und ein Eigelb verquirlen und mit Salz und Pfeffer würzen. Die Limandesfiliets zunächst in Mehl wälzen, durch das Ei ziehen und schließlich in den frisch geriebenen Semmelbröseln panieren.

Für die Vinaigrette einen Eßlöffel Apfel-Balsamessig, einen Eßlöffel Aceto Balsamico, Salz und Pfeffer gründlich vermischen. So ähnlich die beiden Essigsorten vom Namen her auch sind, so sehr unterscheiden sie sich im Geschmack und in der Farbe. Der Apfel-Balsamessig ist hell und feinmild in der Säure, der Aceto Balsamico (je älter desto teurer) tiefdunkel und kräftig im Geschmack. Anschließend vier bis fünf Eßlöffel Traubenkernöl unterschlagen, bis eine sämige Sauce entsteht. Bei Bedarf nachwürzen, durch Öl oder Essig ergänzen.

Der Lauch wird geputzt, längs halbiert, gründlich gewaschen – auch zwischen den Schichten –, in dünne Streifen geschnippelt und in kochendem Salzwasser blanchiert. Er soll noch leichten Biß haben. Eiskalt abschrecken, abtropfen lassen und mit der Vinaigrette vermischen und noch einmal erhitzen.

Die Fischfilets in Butterschmalz auf beiden Seiten blaßgoldgelb braten. Das geht wegen der Dünne der Filets ruckizucki. Denken Sie immer daran, daß zu viel und zu lange Hitze den Garaus für Fisch bedeutet. Statt saftigem Genuß haben Sie dann nur noch klebriges Eiweiß zwischen den Zähnen. Die knusprigen Filets sollte man auf Haushaltskrepp entfetten.

Auf vorgewärmten Tellern wird der säuerliche Porree angerichtet, darauf thronen die panierten Fischfiltes. Und während Sie so leicht und lecker schlemmen, kommt Ihnen die Kohl-und-Pinkel-Tour wie eine Erzählung aus dem längst vergangenen Winter vor.

Goldbarsch-Pfanne

mit viel Gemüse und einer mediterranen Sauce

Das Goldbarschfilet – es eignet sich auch jeder andere weißfleischige Fisch – muß natürlich möglichst frisch sein. Zweite Forderung an Ihren Fischhändler: Die Scheiben nicht zu dünn schneiden. Nur dicke Fischwürfel bleiben schön saftig. Das Fischfilet sorgfältig auf übersehene Gräten abtasten, abspülen, trockentupfen, leicht salzen und in große Würfel schneiden.

Die Zwiebeln pellen und in dünne Ringe schneiden. Die Knoblauchzehen schälen und fein würfeln. Vampirmäßig ist heute alles erlaubt, sie können ruhig großzügig mit dem Garlic umgehen. Besonders gut schmeckt der junge Knoblauch, der keine grünen Keime hat. Noch ein Tip: geschälten Knoblauch nicht offen liegenlassen. Erst durch den Kontakt mit Luft bekommt er das unerwünschte, leicht ordinäre Aroma, mit dem sich Hunde, Vampire und Briefträger erschrecken lassen.

Die Tomaten werden überbrüht und gehäutet, das Fruchtfleisch entkernt und in Würfel geschnitten. Karotten schälen und in Stifte zerlegen. Champignons in Blätter, Frühlingszwiebeln in Ringe schneiden. Die Paprikaschote mit dem Sparschäler schälen, entkernen und würfeln. Wenn Sie noch mehr Gemüse haben, um so besser. Staudensellerie zum Beispiel paßt auch gut in den Fischtopf.

In einer großen Pfanne lasse ich zunächst die Zwiebelringe sanft anziehen. Da wird nichts braun oder gar schwarz, sondern nur glasig. Ich lösche mit dem Weißwein ab, gebe einen Esslöffel Tomatenmark hinzu und schließlich alle Gemüse und den Knoblauch. Lediglich den Fisch und die Tomatenwürfel behalte ich zurück. Als Würzung schmeiße ich ein paar Zweiglein Thymian und eine Chilischote mit in die Pfanne. Den Thymian habe ich kürzlich einmal durch Zitronenthymian ersetzt, er gab dem Gericht eine äußerst angenehme, frische Note. Mit dem scharfen Chili müssen Sie etwas aufpassen. Die Schote muß wieder raus, bevor das Gericht überwürzt und zu scharf ist. Hier hilft der wiederholte Test mit dem Probierlöffel.

Wenn zuviel Flüssigkeit verkocht, gießen Sie einfach etwas Wasser an. Nach einer Viertelstunde können Sie das erste Mal abschmecken und die Gemüse auf Biß kontrollieren. Viel länger wird der Topf jetzt nicht mehr schmurgeln müssen.

Nun die Tomatenwürfel und die Fischwürfel zufügen. Die Zeit ist reif, die hungrige Bande an den Tisch zu rufen, der Rest ist nämlich in Minutenschnelle erledigt.

Die Fischwürfel brauchen allenfalls zwei, oder wenn sie besonders groß sind, drei Minuten. So sind sie schön saftig, zu lang gegarter Fisch ist trocken und klebrig zwischen den Zähnen. Ganz zum Schluss noch einmal mit Salz, Pfeffer und vor allem Zitrone abschmecken, die Thymianzweiglein aus dem Topf fischen.

Als Beilage gibt es Salzkartoffeln oder frisches Baguette. Ein einfacher, sonniger Weißwein aus Südfrankreich macht sich bestens zu diesem Fischtopf. Und wenn es draußen doch mal in Strömen regnet: einfach nicht rausgucken und den Sommer auf dem Teller genießen.

Zutaten (4 Personen):

500 g	Goldbarschfilet
250 g	Zwiebeln
100 g	rosa Champignons
0,25 l	Weißwein
4	Tomaten
2	Karotten
1	Bund Frühlingszwiebeln
1	rote Paprikaschote
1	Chilischote
	Olivenöl
	Knoblauch
	Tomatenmark
	Zitrone
	Thymian
	Pfeffer, Salz

Lachsforelle

aus der Alufolie mit jungen Kartoffeln

Zutaten (4 Personen):

- 2 Lachsforellen
- 2 Schalotten
- 1 Knoblauchzehe
- 1 halbes Bund glatte Petersilie
- 2-3 Zweige Dill
  Zitrone
  Weißwein
  Butter

Es gibt Gerichte, die machen so gut wie keine Arbeit und sind kulinarische Volltreffer. Frischer Spargel mit zerlassener Butter – ein Gedicht. Carpaccio vom Rind mit bestem Olivenöl und Parmesan – wundervoll. Frische Nudeln mit Butter, Sahne und Parmesan – ein Traum. Alle Gerichte dieser Minimal-Kochkunst erfordern beste Zutaten und Sorgfalt bei der Zubereitung.

Das gilt auch für den heutigen Star in der Küche, eine Lachsforelle aus der Aluminiumfolie. Die alte Leier: Das Gericht steht und fällt natürlich mit der Frische und Qualität des Fisches. Einmal mehr kann Ihr Fischhändler zeigen, daß er was drauf hat.

Lachsforellen werden genauso gezüchtet wie Lachse. In den Farmen vor Schottland und Norwegen werden die Tiere inzwischen teilweise so massenhaft gehalten wie bei uns die bedauernswerten Batteriehühner. Es gibt jedoch auch Qualität – und die kostet etwas mehr. Schmeckt dafür auch besser.

Für zwei Personen lassen Sie sich ein Exemplar von anderthalb Pfund einpacken. Zwei gute Esser schaffen auch leicht ein Kilo. Der Fisch wird gründlich gewaschen, mit Haushaltskrepp abgetrocknet, innen und außen gesalzen und gepfeffert. Den so präparierten Fisch lege ich auf ein Stück Alufolie, welches so groß ist, daß der Fisch sich darin einwickeln läßt. Bei Bedarf die Folie doppelt nehmen oder in zweifacher Länge abrollen.

Die Kräuter werden von den Stielen gezupft und grob gehackt. Die Knoblauchzehe und die Schalotten pellen und fein würfeln. Kräuter und Knoblauch- beziehungsweise Schalottenwürfel in und um den Fisch streuen. Ein Stück Butter in die Lachsforelle geben, und dann den Fisch mit einem kräftigen Schuss Weißwein und ein paar Spritzern Zitrone beträufeln.

Nun wird die schützende Aluminiumhülle sorgfältig verschlossen. Bitte so sorgfältig, daß während der Garphase kein Saft austreten kann. Streichen Sie die Folie rund um den Fisch glatt, so daß sie eng

anliegt. So werden Luftpolster vermieden, die den Garprozeß negativ beeinflussen könnten.

Das Garen in der Folie hat den Vorteil, daß der empfindliche Fisch nicht mit der direkten Hitze in Berührung kommt. Auf diesem Prinzip beruht auch das Garen in Pergament, in der Salzkruste, im Backschlauch oder anderen »Versiegelungen«.

Das Paket mit der Lachsforelle kommt in den auf 200 Grad vorgeheizten Ofen. Sollten in Ihrem Herd die Temperatur von Ober- und Unterhitze voneinander abweichen, so sollten Sie den Fisch nach rund zehn Minuten umdrehen. So werden beide Seiten gleichmäßig gegart. Aber wie gesagt: Dies ist normalerweise nur eine Vorsichtsmaßnahme.

Inzwischen haben Sie geschrubbte neue Kartoffeln in Salzwasser aufgesetzt. Die dürften fast zeitgleich mit der Lachsforelle gar sein. Ich stelle mir jetzt schon vor, wie der köstliche Saft aus der Alufolie zu den jungen Kartoffeln schmecken wird.

Wunsch und Wirklichkeit liegen nicht mehr weit auseinander. Während die Kartoffeln noch ein bißchen ausdämpfen, öffne ich vorsichtig das Paket mit dem Fisch. Ei, Trallala, was steigt mir denn da in die Nase? Ein köstliches Aroma!

Die Lachsforelle bugsiere ich vorsichtig auf eine vorgewärmte längliche Platte. Die Kartoffeln werden auf den ebenfalls warmen Tellern angerichtet. Den Sud aus der Folie gebe ich durch ein feines Sieb direkt über die Erdäpfel.

Die Forelle sieht so gut aus, daß ich sie fast gar nicht anschneiden mag. Doch dann siegt schließlich doch der Appetit. Ich löse die Haut und schlage sie zur Seite. Mit einem Fischmesser oder Eßlöffel teile ich das rosa Fleisch längs in der Mitte und hebe die Filets von den Gräten. Im zweiten Service gibt es das Fischfleisch von der Rückseite.

Als Weinempfehlung habe ich einen feinen Pouily Fumé für Sie, es paßt jedoch auch ein Grauburgunder, beispielsweise aus Baden, dazu.

Wenn ein Gast Ihre Kochkunst lobt, können Sie sich zufrieden zurücklehnen und wissend lächeln – die Kochkunst war nur mini-minimal, aber geschmeckt hat's riesig.

Sanft gegarte Schollenfilets

in zwei verschiedenen Varianten

Version 1 (4 Personen):

4	mittelgroße Schollen
100 g	Krabbenfleisch
50 g	Butter
0,1 l	Fischfond
0,1 l	Weißwein
0,1 l	Sahne
1	Bund Kerbel
2 TL	Mehl
	Zitrone
	Pfeffer, Salz

Das kulinarische Frühjahr steht lange im Zeichen des Spargels. Doch dieses hochfeine Gemüse soll heute mal in eine Nebenrolle schlüpfen. Den Hauptdarsteller geben frische Schollen ab, die Sie sich für meine beiden heutigen Rezeptvorschläge am besten gleich vom Fischhändler filetieren lassen. Die Gräten und Häute nehmen Sie natürlich mit, daraus wird mit Wasser, Wein, Gemüsen und Gewürzen ein guter Fischfond. Nicht zu lange köcheln lassen. Sie wollen keinen Tapetenleim produzieren!

Mein erster Vorschlag sind gedünstete Schollenfilets in einer samtigen Weißweinsauce mit Nordseekrabben.

Die mit Pfeffer und Salz gewürzten Schollenfilets in eine gebutterte feuerfeste Form geben. Weißwein und Fischfond einmal aufkochen und angießen. Deckel oder Alufolie drauf und höchstens vier, fünf Minuten mehr ziehen als köcheln lassen.

Die Filets herausnehmen, in Alufolie einschlagen und warmhalten. Die Butter zerlassen, mit dem Mehl binden. Nun den Fischsud zugeben und kräftig durchkochen lassen. Sahne zufügen, weiter reduzieren. Mit Salz, Pfeffer und Zitrone würzen. Ganz zum Schluß ein Bund gehackten Kerbel sowie das frisch ausgepulte Krabbenfleisch unterziehen.

Nicht mehr kochen lassen! Die Krabben verwandeln sich sonst in eine kaugummiähnliche Masse. Die Fischfilets auf vorgewärmten Tellern anrichten, mit der Sauce um- und übergießen. Dazu schmecken neue Kartoffeln und – natürlich – Spargel.

Mein zweiter Vorschlag sind panierte, gebratene Schollenfilets mit einer lauwarmen Vinaigrette. Auch diese Sauce eignet sich bestens, den Fisch mit – Sie werden es kaum erraten – Kartoffeln und Spargel zu verbinden.

Das Ei mit Pfeffer und Salz verquirlen. Das Toastbrot in der Küchenmaschine nicht zu fein hacken. Einen Teil davon für die Sauce aufbewahren. Die Fischfilets zunächst durch das gewürzte Ei, dann durch das Paniermehl ziehen. In reichlich Butter und Öl in einer Minute ausbacken. Eventuell auf Küchenkrepp etwas entfetten.

Die flüssige Begleitung dazu ist ein Zwischending von Sauce und Mayonnaise. Die Hauptgeschmacksrichtung der Vinaigrette legen Sie durch das verwendete Öl fest. Stellen Sie sich doch einmal drei kleine Fläschchen für aromatisierte Öle hin. In eines kommen gehobelte Trüffeln, in das zweite ein paar Mandeln, in das dritte einige Morcheln. Mit einem guten neutralen Öl auffüllen, ein bißchen warten, und wenige Wochen später haben Sie drei hochwertige Öle. Übrigens auch ein ganz heißer Tip für Weihnachten!!!

Zunächst jedoch ist Frühling auf dem Teller, also mache ich mich jetzt an die Vinaigrette. Dazu koche ich Hühnerbrühe und Wein sehr stark ein. Wichtig, daß die Brühe nicht zu salzig angelegt wurde, denn der Salzgehalt wird durch das Einkochen verstärkt. Die Reduktion mit Salz, Pfeffer, etwas Senf und einem Weißweinessig sowie einem Spritzer Zitrone würzen. Mit dem Pürierstab nun das Öl unterziehen – und schwupps haben Sie eine sämige Sauce. Zusätzliche Bindung bringt ein Esslöffel von dem zurückbehaltenen Paniermehl. Die Sauce wird lauwarm zu Schollenfilet, Spargel und Kartoffeln gereicht. Versuchen Sie für dieses Gericht auch einmal den nicht ganz weißen Spargel. Die durch Sonnenlicht leicht violett gewordenen Köpfe haben ein etwas kräftigeres Aroma als die ganz weißen Stangen.

Wie immer beim Thema Spargel, habe ich einen kräftigen, trockenen Weißwein im Glas. Heute probiere ich dazu einmal eine Weißburgunder Spätlese aus der Pfalz von einem renommierten Erzeuger.

Version 2 (4 Personen):

4	mittelgroße Schollen
0,1 l	Hühnerbrühe
0,1 l	Weißwein
4	Scheiben Toastbrot
1	Ei
	mittelscharfer Senf
	Mandel-, Morchel- oder Trüffelöl
	Öl und Butter
	Zitrone
	Pfeffer, Salz

Schellfisch

sanft gegart mit einer Senfsauce und gebutterten Kartoffeln

Die kulinarischen Erinnerungen an die Kindheit prägen manche Menschen in ihren Vorlieben und Abneigungen mehr, als sie wahrhaben wollen. Steckrüben, Milchreis, Griespudding – allein bei den Namen dieser Gerichte läuft mir heute noch ein kalter Schauer über den Rücken.

Fast genauso schlimm ist Schellfisch mit Senfsauce. Es war grauenhaft, was wir damals in den fünfziger Jahren im Kindergarten auf der Bürgerweide vorgesetzt bekommen haben: Zerkochter Fisch mit vielen Gräten, dazu eine Mehlsauce und muffige Kartoffeln. Ich habe den Geschmack noch heute auf der Zunge. Anders als bei Steckrüben oder Milchreis habe ich mich inzwischen jedoch überzeugen lassen – unter anderem von Grashoff-Chefkoch Rüdiger König –, daß Schellfisch eine Delikatesse sein kann.

Dazu bedarf es allerdings zweier Vorbedingungen: Der Fisch muß taufrisch sein und darf nur mit äußerster Vorsicht gegart werden. Zu viel und zu lange Hitze ist der Garaus für jeden Fisch. Ihr wichtigster Mitstreiter ist der Fischhändler. Er hat zwei taufrische Prachtexemplare von Schellfischen für Sie ausgesucht und wird Ihnen auch gleich die Filets auslösen. Auf 50 Gramm mehr oder weniger kommt es dabei nicht an. Alle Gräten und Häute lassen Sie sich mitgeben, die brauchen Sie für den Fond.

Den bereite ich als erstes zu. Dazu die Fischkarkassen zusammen mit einem zerschnippelten Bund Suppengrün und den beiden Zwiebeln mit Wasser aufsetzen. Mit Nelke und Lorbeer sowie ein paar weißen Pfefferkörnern würzen. Etwa 20 Minuten sanft köcheln lassen, durch ein feines Sieb passieren – fertig ist der Kochsud für die Schellfischfilets und die Grundlage für die Sauce. Die abgespülten, abgetupften, mit Salz und Pfeffer gewürzten Schellfischfilets in einer großen flachen Pfanne in etwas Fond mit Wasser zugedeckt sanft garziehen lassen. Wie lange? Das ist die Frage aller Fragen – und die ist nicht leicht zu beantworten. Die Garzeit hängt nämlich wesentlich von der Dicke der Filets ab und die ist höchst unterschiedlich. Ich liege aber wohl nicht total daneben, wenn ich als Anhaltspunkt acht bis zehn Minuten annehme.

In der Zwischenzeit können Sie die kleinen Salzkartoffeln abkochen und die Sauce zubereiten. Dafür den restlichen Fond mit dem Wein und der Sahne deutlich reduzieren. Mit scharfem Senf würzen. Apropos Senf: Eine Senfsauce darf – oder soll – ruhig kräftig nach Senf schmecken. Mehrfaches Abschmecken ist unbedingt erforderlich.

Ein Teelöffel Butter mit einem Teelöffel Mehl gründlich verkneten. Unter die Sauce geben und sorgfältig verkochen lassen. Die Sauce bis zur gewünschten Konsistenz reduzieren, durch ein Haarsieb geben, mit Salz, frisch gemahlenem Pfeffer und Zitronensaft abschmecken. Die Fischfilets auf vorgewärmten Tellern anrichten, Fisch und gebutterte Salzkartoffeln mit der Senfsauce be- und umgießen. Als gemüsige Beilage böte sich Blattspinat an. Bei der Weinauswahl sollten Sie sich von dem Gedanken leiten lassen, daß er mit den kräftigen Aromen der Sauce konkurrieren muß. Ein kräftiger Weißer aus Kalifornien, dem Burgund oder aus Spanien könnte das schaffen.

Dessert

Bayerische Creme

Zutaten (4 Personen):

80 g	Zucker
0,2 l	Milch
0,2 l	Sahne
3	Eigelb
3	Blatt Gelatine
1	Vanilleschote
	Bitterschokolade

Für unseren selbstgemachten Pudding brauchen wir Creme anglaise, englische Creme, die man auch für Vanillesauce und Vanilleeis als Ausgangsbasis nimmt – sie soll zu einer bayerischen Creme verarbeitet werden. Diese unterscheidet sich von der englischen dadurch, daß sie durch die Zugabe von Gelatine eine gewisse Steifigkeit hat.

Genug der langen Vorrede, jetzt geht es an den Schneebesen und an die Rührschüssel. Rühren Sie die Eigelbe mit dem Zucker zusammen schaumig. In einem Topf wird die Milch zusammen mit einer aufgeschlitzten Vanilleschote zum Kochen gebracht. Vom Feuer ziehen, mit einem Messer das Vanillemark aus der Schote kratzen und in die Milch geben. Durchmischen und die etwas abgekühlte Vanillemilch zu der Eiermasse gießen. Am besten mit einem Gummischaber sorgfältig umrühren und dabei gründlich den Boden bestreichen. Das Eier-Zucker-Milch-Gemisch wieder in den Milchtopt zurückgießen.

Vorsicht vor allem vor zuviel Hitze. Wer jetzt mit Vollgas zur Sache geht, der hat schnell geronnenes Eigelb im Topf und damit einen Crash hingelegt. Damit das nicht passiert, sollten Sie den Topfinhalt ständig umrühren – das geht prima mit dem erwähnten Gummischaber – und nur mäßig Hitze geben. Sie werden nach einiger Zeit merken, daß die Masse dickflüssiger wird – das ist gut so, soll auch so sein und ist gleichzeitig der Zeitpunkt, zu dem die englische Creme vom Feuer muß. Die Fachleute nennen das Stadium der Bindung »zur Rose abziehen«. Der Ausdruck kommt von einem fachmännischen Prüfvorgang: Läßt man die korrekt zubereitete Creme über einen flachen Kochlöffel ablaufen und bläst auf die dünne Cremeschicht, so entsteht ein einer Rose ähnliches Bild.

In kaltem Wasser wird die Gelatine eingeweicht, gut ausgedrückt und sorgfältig mit der Creme vermischt, Zur Sicherheit gegen Klümpchen durch ein feines Sieb in eine Schüssel geben. Diese Schüssel kommt nun in eine etwas größere, in der sich Eiswürfel mit etwas Wasser befinden. Sie haben den Braten oder besser den werdenden Pudding sicher schon gerochen: Die englische Creme wird nun zur bayerischen Creme. Da heißt es unermüdlich rühren, damit die Masse am Boden der Schüssel nicht plötzlich steif wird. Sobald die Creme abgekühlt, aber noch nicht fest ist, heben Sie vorsichtig steif geschlagene Sahne unter.

Nun brauchen sie noch passende Förmchen. Geeignet sind notfalls kleine Mokkatassen, Dessertprofis haben für solche Fälle sogenannte Timbale-Förmchen, die man auch sonst in der Küche häufig verwenden kann. Die gibt es aus Weißblech in vielen runden und ovalen Größen relativ preiswert in Küchenshops.

Die Hälfte der noch etwas flüssigen bayerischen Creme füllen Sie in die Formen, die andere Hälfte wird mit einer halben Tafel guter Bitterschokolade, die vorsichtig im Wasserbad geschmolzen wurde, vermischt. Die Schokolade sollte vor dem Unterziehen nicht zu heiß sein. Die mit der Schokolade und möglicherweise einem Schuss Cognac oder Cointreau aromatisierte Creme als zweite Schicht in die Formen einfüllen. Auf das Feuerwasser sollten Sie allerdings verzichten, wenn Kinder oder al-

koholgefährdete Leute mitessen. Optisch sieht der fertige Nachtisch noch besser aus, wenn Sie die Schokoladencreme mit einem Spritzbeutel direkt in die Vanillecreme spritzen. Dabei entsteht eine kugelförmige Schokoladenfüllung in der Vanillecreme. Vielleicht ist Ihnen das aber auch schon zuviel Spielerei.

Die Förmchen zum Abkühlen in den Kühlschrank stellen. Vor dem Servieren an den Rändern mit einem scharfen Messer entlangfahren und die fertigen Cremes auf Dessertteller stürzen.

Als Begleitung zu dem feinen »Pudding« passen Fruchtsaucen. Ich schlage Ihnen Pürees von Mangos, Erdbeeren, Orangen, Kiwi oder Aprikosen vor – Sie sollten sich allerdings auf eine Frucht beschränken und nach Möglichkeit frische Ware wählen. Im Kampf gegen lästige Kerne bietet es sich an, das Fruchtmark durch ein feines Sieb zu streichen.

Erdbeertorte

Zutaten (4 Personen):

500 g Erdbeeren
1 Tafel Schokolade
1 Biskuitboden
1 Bund Zitronenmelisse
   Aprikosenmarmelade
   Grand Marnier
   Puderzucker

Jetzt möchte ich Ihnen eine Torte präsentieren, die besonders gut aussieht. Vor vielen Jahren sind mir bei einem Besuch im Berliner KaDeWe fast die Augen übergegangen, als ich die Tortenkreationen am Stand von Gaston Lenôtre gesehen habe. Eine wie die andere perfekt. Haften geblieben ist besonders eine Erdbeertorte, bei der die Erdbeeren alle senkrecht eng an eng standen. Geschmacklich ist es zwar schnurzpiepegal, ob Sie kleingeschnippelte Früchte auf den Tortenboden werfen oder die Dinger in Reihe und Glied aufstellen. Aber das Auge ißt eben mit ...

Einen guten Biskuitboden backen Sie am besten selbst oder holen ihn von einem guten Bäcker. Sein Boden kostet vielleicht ein bißchen mehr als die Massenware aus der Fabrik, aber dafür schmeckt er dann (hoffentlich) auch besser. Am besten eignet sich ein Exemplar mit hochgezogenem Rand für Obsttorten. So können die Früchte nicht herunterkullern.

Wieviele Erdbeeren Sie für eine Torte brauchen? Mehr als Sie denken! Denn so wie ich meine Bande kenne, wird schon bei der Zubereitung kräftig genascht, und warum soll dies bei Ihnen anders sein?

Die möglichst kleinen, vollreifen Erdbeeren werden abgebraust. Gründlich abtropfen lassen. Nun die grünen Stengel glatt abschneiden, daß die Erdbeeren flache Standflächen bekommen. Die Früchte werden nun für eine Stunde in einer Mischung aus dem Orangenlikör Grand Marnier, etwas Puderzucker und kleingeschnittenen Blättern Zitronenmelisse eingelegt. Falls Kinder oder Alkoholkranke mit an der Kaffeetafel sitzen, sollten Sie den Likör durch Orangen- oder Zitronensaft ersetzen. Die Beeren in der Sauce mehrfach vorsichtig umrühren.

Nun zum Boden. Der muß gut vorbereitet werden, damit die feuchten Erdbeeren den Teig nicht in Matsch verwandeln können. Eine Sperrschicht muß her, die den Boden vor der Nässe schützt. Am besten eine, die auch noch gut schmeckt. Da habe ich was für Sie: eine gute Bitter- oder Vollmilchschokolade. Die wird im Wasserbad aufgelöst und mit dem Pinsel auf den Tortenboden aufgetragen. Solange die Schokolade noch zähflüssig ist, die Erdbeeren dicht an dicht leicht in die Masse drücken. Die Torte kurz in den Kühlschrank stellen, die Schokolade hält nun die Erdbeeren fest.

Jetzt steht sie also vor Ihnen, die Torte zur Erdbeersaison. Aber es fehlt noch etwas zum perfekten Outfit. Die Früchte werden überglänzt – und das geht so: Aprikosenmarmelade mit ganz wenig Wasser erhitzen und gut durchrühren. Auf die Erdbeeren pinseln. Geschmacklich bekommen Sie einen etwas stärkeren Akzent, wenn Sie Bitterorangenmarmelade verwenden.

Ihre Gäste werden angesichts dieses Prachtexemplars mindestens ebensolch große Augen machen, wie ich es damals bei Meister Lenôtre getan habe.

Haselnuß-Creme

mit Apfelsauce

Die Haselnußcreme ist nichts anderes als eine bayrische Creme, der mit gerösteten, geriebenen Nüssen eine andere als die traditionelle Vanille-Geschmacksrichtung beigebracht wurde. Die bayrische Creme gehört zu den Klassikern der Dessert-Kunst und ist eine englische Creme, die mit Galatine gebunden wird. Und die englische Creme? Das ist die Grundsubstanz für Vanillesauce und Vanilleeis.

Ich mache mich zunächst einmal an die Zubereitung der englischen Creme. Dazu die Eigelbe mit dem Zucker schaumig rühren. Die Milch mit der aufgeschlitzten Vanilleschote einmal aufkochen. Vom Feuer ziehen, etwas abkühlen lassen. Die Schote auskratzen und das Mark zur Milch geben. Die Vanillemilch mit dem Eizucker mischen, in den Topf zurückgeben und vorsichtig erhitzen. Mit einem Gummischaber den Topfboden sorgfältig bestreichen. Solange erhitzen und rühren, bis eine spürbare Bindung eintritt. Höchste Zeit, den Topf vom Herd zu nehmen, sonst passiert ein Unglück – die Masse flockt aus. Tut sie bei Ihnen nicht, deshalb wird sie nun durch ein Sieb gegeben. So haben Sie die feinste englische Creme.

Die Haselnüsse auf einem Blech im Ofen rösten. In einem Tuch reiben, so pellen sich die Häute selbst ab. Die präparierten Kerne in einer Nußmühle nicht zu fein mahlen. Die Nüsse sollen beim Genuss noch spürbar sein. Die Nüsse unter die Masse ziehen. Die Gelatine nach Packungsvorschrift einweichen, ausdrücken und in der noch heißen Nußcreme vollständig lösen. Etwas abkühlen lassen.

Moccatassen oder Timbale-Förmchen werden mit Butter ausgepinselt und mit Zucker ausgestreut. Dorthinein kommt nun die Nußcreme.

Ab in den Kühlschrank damit. Abdecken der Formen nicht vergessen, denn fremde Aromen übertragen sich auf diese empfindliche Masse sehr schnell.

Bleibt die Vorbereitung der Sauce. Dafür schälen und entkernen Sie die Äpfel, gut geeignet sind zum Beispiel Cox Orange. Mit einem Schuß Bio-Apfelsaft und 50 Gramm Zucker werden die kleingeschnittenen Äpfel zu Apfelmus gekocht, das püriert und durch ein feines Sieb getrieben wird. Wer es kräftig und spritzig mag, kann das Mus mit einem Schuß Calvados aromatisieren. Aber bitte nicht, wenn Kinder oder Alkoholkranke mit am Tisch sitzen. Die Sauce anschließend kalt stellen.

Der Rest ist fix erledigt: Die Apfelsauce wird in kalte, tiefe Teller gegossen. Die Nußcreme mit einem Messer vorsichtig am Rand aus den Förmchen lösen und in die Mitte der Teller stürzen.

Für die Dekoration sind Ihrer Phantasie kaum Grenzen gesetzt. Sie können beispielsweise Zimt und Puderzucker über das Dessert stäuben oder ausgestochene, in Butter und etwas Zucker gebratene Apfelscheibchen dazulegen.

Wenn es Sie nach dem leichten, festlichen Mahl noch nach einem abschließenden Glas Wein gelüstet, dann könnten Sie eine Flasche Moscato d'Asti, Gewürztraminer oder Muskateller aufmachen, ein Glas Sekt paßt zu süßen Sachen sowieso (fast) immer.

Zutaten (6 Personen):

50 g	Zucker
50 g	Haselnußkerne
50 g	Zucker
0,25 l	Milch
3	Blatt weiße Gelatine
3	Äpfel
3	Eigelbe
1/2	Vanilleschote
	Apfelsaft

107

Tirami su

der Nachtisch-Klassiker aus Italien

Zutaten (4 Personen):

400 g	Mascarpone
150 g	Zucker
150 g	Mehl
100 g	Puderzucker
90 g	Butter
30 g	Speisestärke
5	Eier
4	Eigelb
	Biskuitboden
	Tia Maria oder
	Marsala
	Mocca oder Espresso
	Zitronenschale

Auch Speisen und Getränke unterliegen gewissen Moden. Was früher einmal der letzte Heuler war, ist jetzt hoffnungslos out. Ich erinnere in diesem Zusammenhang an die scheußlichen Puschkin-Kirschen vom Anfang der 6oer Jahre oder an mit Dosenobst überhäufte Fleischgerichte – schüttel, schüttel! In Mode ist seit einigen Jahren der Nachtisch-Klassiker aus Italien: Tirami su. Ich möchte Ihnen eines von vielen Rezepten für diese phantastisch schmeckende Kalorienbombe vorstellen.

Wichtigster Bestandteil ist zunächst einmal Mascarpone. Das ist ein sehr fetthaltiger Weichkäse aus der Lombardei, der im Zuge der Tourismuswelle inzwischen bei uns in italienischen Lebensmittelgeschäften sowie gutsortierten Abteilungen von Kaufhäusern, Feinkostläden und Supermärkten zu haben ist.

Zweite wichtige Zutat ist ein exzellenter Biskuitboden, der in mehrere Schichten (mindestens zwei, besser drei) geschnitten werden muß. In vielen Rezepten aus Italien werden Löffelbiskuit verwendet – wenn Sie nicht gerade einen Bäcker kennen, der diese Dinger in Topqualität herstellt, sollten Sie die Finger davon lassen. Selbermachen geht so:

Schlagen Sie die Eier und zwei Eigelb in einer Schüssel zusammen mit dem Zucker und etwas abgeriebener Zitronenschale im mäßig heißen Wasserbad auf. Ist die Masse lauwarm, wird sie im Eiswasserbad während fünf Minuten kaltgeschlagen. Das Mehl wird gesiebt und mit der Speisestärke (Weizenpuder) nun vorsichtig untergehoben, beides gut vermischen. Die heiße, geklärte Butter wird in dünnem Strahl dazugelassen und vollständig ein-

gerührt. Im mit Trennpapier ausgeschlagenen Tortenring oder in einer Springform bei etwa 190 Grad 30 bis 35 Minuten backen.

Der ausgekühlte Boden wird vorsichtig in die erwähnten zwei bis drei Schichten geschnitten. Mit einem Fertigboden müßten Sie genauso verfahren. Die Schichten werden nun mit einer Tasse ganz starkem Mocca oder Espresso getränkt. Bei den alkoholischen Aromaten können Sie nach Geschmack auswählen – zu den gängigsten Varianten beim Tirami su gehören der Likör Tia Maria sowie Marsala. Die Biskuitschichten werden mit einem von beiden gründlich befeuchtet. Verzichten Sie aber bitte auf die Alkoholzugabe, wenn Kinder oder Alkoholkranke mit am Tisch sitzen werden.

Während die Böden durchziehen, bereiten Sie die Mascarponemasse zu. Auf 400 Gramm Käse sollten Sie zwei Eigelb und etwa 100 Gramm Puderzucker rechnen. Wenn Sie keinen Puderzucker im Haus haben, können Sie sich mit einem alten Küchentrick meiner Mutter behelfen. Sie kippte kurzerhand Kristallzucker in eine ausgediente Kaffeemühle mit Schlagwerk und schon – lärm, heul, quietsch – ist der schönste Staubzucker fertig.

Das Eigelb mit dem Puderzucker schaumig rühren und anschließend den Käse unterrühren. In eine passende Schüssel mit flachem Boden kommt jetzt eine Biskuitschichtt. Darauf eine Lage Käsemasse, wieder Biskuit, wieder Käse, wieder Biskuit und schließlich und endlich wieder Käse. Das Ganze wird mit bitterem Kakaopulver bestreut und kommt für einige Zeit zum Durchkühlen in den Kühlschrank.

Ostern

Karfreitags-Zander

mit zwei Paprikasorten

Was ich Ihnen als Karfreitags-Fisch präsentieren möchte, ist fast revolutionär: Statt des kulinarischen Klassikers Karpfen schlage ich Zander mit rotem Paprikagemüse und gelber Paprikasauce vor.

Den Fisch lassen Sie sich am besten von Ihrem Fischhändler vorbereiten. Die Häute und Gräten darf er heute mal behalten, denn Fischfond benötigen Sie für Ihren Osterfisch nicht. Die Sauce besteht nämlich lediglich aus geschmorter, pürierter Paprikaschote mit Gewürz. Aber gemach, bevor Sie sich über mangelnde Raffinesse beklagen!

Die beiden Paprikaschoten waschen und entkernen. Die rote wird zusätzlich mit dem Sparschäler enthäutet. Die gelbe Schote kleinschnippeln und in Olivenöl anschwitzen. Mit sehr wenig Wasser ablöschen und die Gemüsestücke zehn bis 15 Minuten bei geschlossenem Topfdeckel schmoren. Im Mixer pürieren und zur gewünschten Konsistenz mit etwas Sahne verlängern. Durch ein Sieb passieren, damit die harten Häute zurückgehalten werden. Die Sauce mit Salz, Pfeffer und etwas Zitrone abschmecken.

Die rote Paprika zerlegen Sie in Rechtecke oder Rauten, ebenfalls in Olivenöl anziehen lassen, mit etwas Wasser angießen, aber nur etwa sechs bis sieben Minuten schmoren. Das Gemüse soll nicht zu Matsch verkochen, sondern als solches erkennbar und schmeckbar sein. Mit Salz und Pfeffer würzen.

Die Fischfilets werden abgespült, trockengetupft, gesalzen und schließlich in einer Mischung aus Butter und Traubenkernöl nicht zu scharf gebraten. Etwa zwei Minuten reichen pro Seite, so bleibt der Zander saftig. Wer mehr auf Seefisch steht, kann auch Limandes in die Pfanne hauen.

Die heiße, abgeschmeckte gelbe Paprikasauce als Spiegel auf gut vorgewärmte flache Teller geben. Unter diesem Ausdruck verstehen Fachleute, daß die Sauce den Tellerboden bedeckt.

Besonders dünn bekommt man diesen Spiegel hin, wenn ein Löffel oder eine Kelle Sauce in die Tellermitte gesetzt und die Flüssigkeit durch Schwenken des Tellers gleichmäßig verteilt wird. Wichtig: Der Teller muss heiß sein, sonst ist das wertvolle Nass blitzschnell kalt. Mitten in diesen gelben Saucenspiegel wird nun das Zanderfilet gesetzt, und schließlich richten Sie rund um den Fisch die roten Paprikawürfel an.

Bei einem derart festlichen Gericht darf ein Glas Wein natürlich nicht fehlen. Da die Paprika eher den kräftigen Gemüsen zuzurechnen sind, muß der Wein gegen sie bestehen können, also etwas körperreicher sein.

Ich schlage Ihnen einen Pinot grigio aus Italien oder seinen deutschen Verwandten Grauburgunder vor.

Geschmorte Haxen

mit einer kräftigen Sauce

Lammhaxen sind von ihrer Größe meist so, daß die Fleischmenge für eine Portion reicht. Anatomisch gesehen entsprechen die Stelzen den Unterschenkeln beim Menschen. Die im Verhältnis zum Fleisch große Knochenmenge hat den Vorteil, daß die Sauce auf natürliche Weise geliert, wunderbar sämig wird. Die Spitzkohlköpfe sind meist so klein, daß einer genau die reichtige Größe für einen Esser hat.

In Olivenöl werden die Lammstelzen rundherum goldgelb angebraten, mit Pfeffer und Salz gewürzt. Herausnehmen, das Fett wegkippen und neues Öl erhitzen. Dann das geputzte und kleingeschnittene Suppengrün sowie die gepellten und gewürfelten Zwiebeln und Knoblauchzehen anbraten. Fleisch und Röstgemüse in einen Schmortopf geben.

Das Fett aus der Pfanne weggießen, mit dem Rotwein ablöschen, alle Röststoffe mit dem Kochlöffel gut vom Pfannenboden lösen, in die brodelnde Flüssigkeit das Tomatenmark geben. Den Ansatz zu Fleisch und Gemüse schütten. Deckel auf den Schmortopf und hinein damit in den auf 180 Grad vorgeheizten Backofen. Da schmurgelt das Lamm nun rund anderthalb Stunden vor sich hin, auf zehn Minuten mehr oder weniger kommt es nicht an Zwischendurch schauen Sie mal nach, wie es mit dem Wasserstand im Topf aussieht. Ist zuviel Flüssigkeit verdampft, geben Sie einfach etwas Brühe oder Wasser hinzu.

Die gegarten Haxen werden herausgenommen und dürfen jetzt erst einmal etwas abkühlen. Denn Ostern ist nicht das Fest der Kannibalen oder der richtige Zeitpunkt für ein rustikales Räuberessen mit abzunagenden Knochen. Das leckere Lammfleisch gibt es fein säuberlich ausgelöst in mundgerechten Bissen. Am besten so, wie sich die Teile vom Knochen lösen lassen, alles was nicht essbar ist, wird sorgfältig abgeschnitten.

Den Schmorsud durch ein feines Sieb gießen, kräftig einkochen lassen und dabei, so gut es geht, das Fett von der Oberfläche abschöpfen. Die Sauce muß gar nicht bis auf ein paar Teelöffelchen reduziert werden, das Fleisch und der Kohl vertragen durchaus eine noch etwas suppige Sauce. Diese ist durch die vielen Gelierstoffe ohnehin nie ganz flüssig. Die Sauce sorgfältig mit Salz, Pfeffer und Thymian abschmecken, die Fleischbissen darin wieder erwärmen – fertig ist das Fleisch.

Das Gemüse braucht gerade einmal eine Viertelstunde für die Zubereitung, soviel Zeit wird sich zwischen Ostereiersucherei und Mittagessen finden lassen. Die Spitzkohlköpfe werden geviertelt, die kohligen Kerne herausgeschnitten, die Viertel in Streifen zerlegt, sorgfältig waschen. In Olivenöl Schalottenwürfel anziehen lassen, den tropfnassen Spitzkohl dazugeben. Zehn Minuten lang schmoren, pfeffern, Salz, einen Schluck Sahne dazugeben – fertig.

Das Haxenragout mit dem Spitzkohl servieren, dazu gibt es neue Kartoffeln. Im Glas schwappt ein kräftiger Roter von der Rhone, französische Osterhasen würden beispielsweise einen Chateauneuf-du-Pape oder einen Gigondas eines guten Erzeugers wählen. Ihre spanischen Kollegen bevorzugen eher einen Grand Reserva eines älteren Riojas.

Zutaten (4 Personen):

4	Lammhaxen
0,3 l	kräftiger Rotwein
2 EL	Tomatenmark
4	kleine Spitzkohlköpfe
2	Zwiebeln
2	Knoblauchzehen
2	Schalotten
1	Suppengrün
	Sahne
	Olivenöl
	Thymian
	Pfeffer, Salz

Crème Karamel

mit Blutorangen

Zutaten (6 Personen):

8	Blutorangen
210 g	Zucker (1 x 80 g, 1 x 80 g, 1 x 50 g)
0,5 l	Milch
2 cl	Wasser
1/2	Vanillestange
3	Eier
3	Eigelb
1	Blatt weiße Gelantine
	Butter
	Grand Marnier

Das »Strickmuster« für die Crème Karamel entspricht in etwa dem für die englische Crème, der klassischen Vanille-Grundmasse der feinen Dessertküche.

Das Dessert besteht aus der Crème Karamel, die mit Grand Marnier und abgeriebener Schale von Blutorangen gewürzt wird sowie einer leicht gebundenen Sauce mit Blutorangenfilets.

Als Förmchen können Sie Tassen, aber auch spezielle Weißblech- oder Steingutförmchen von bis zu 0,15 l Inhalt verwenden. Die werden mit flüssiger Butter ausgestrichen.

Jetzt geht es zunächst an den Karamelspiegel. Dafür den Zucker in einem Stieltopf erhitzen. Wenn er vom Rand her zu schmelzen beginnt, vorsichtig rühren bis der Zucker glasig ist.

Äußerste Vorsicht, bitte. Karamel rühren ist eine nicht ungefährliche Sache.

Schon ein Tropfen flüssiger Zucker auf der Haut führt zu fürchterlichen Verbrennungen. Ich weiß, wovon ich schreibe! Jetzt das Schnapsglas voll Wasser (2 cl) angießen, rühren und den Karamel ein paar Millimeter hoch in die Förmchen gießen. Auskühlen lassen.

Sie haben nun Zeit, sich an die Zubereitung der Crème zu machen. Die Milch mit der aufgeschlitzten Vanilleschote einmal kurz aufkochen. Eier, Eigelb und Zucker mit dem Schneebesen aufschlagen. Die etwas abgekühlte Vanillemilch zugeben, die Masse durch ein feines Sieb gießen.

Diese samtige Crème mit einem Schuß Grand Marnier und der abgeriebenen Schale von zwei unbehandelten Blutorangen würzen. Wenn Kinder oder Alkoholkranke mit am Tisch sitzen, lassen Sie den Orangenlikör natürlich weg.

Die Crème in die Förmchen mit dem inzwischen erstarrten Karamel füllen. Nun stellen Sie alle Formen in eine Reihe oder einen entsprechend großen Topf und gießen bis kurz unterhalb der Förmchen-Ränder heißes Wasser an. Mit Alufolie abdecken und bei etwa 180 Grad 20 bis 25 Minuten stocken lassen.

Abgekühlt werden diese wunderbaren Desserts kurz vor dem Genuß auf Teller gestürzt und mit der Sauce umgossen. Die bereiten Sie so zu:

Zwei Blutorangen auspressen, bei den restlichen die Schale bis aufs nackte Fruchtfleisch wegschneiden. Den Saft dabei sorgfältig auffangen. Mit einem scharfen Messer zwischen die Trennhäute fahren und Filet für Filet auslösen.

Den Blutorangensaft mit dem Zucker aufkochen, das Blatt eingeweichte, ausgedrückte Gelatine vollständig darin lösen. Die Sauce soll abgekühlt leicht gebunden sein. Die Filets um die gestürzten Karamel-Crèmes anrichten und die Sauce drübergießen. Einen schöneren Abschluß kann ein festliches Essen kaum haben.

Beim Wein wird es in diesem Fall wunderbar einfach: Champagner für alle!

Limandes

mit Spargelsalat im Reisblatt

Los geht es heute mit einer Vorspeise – Limandesfilet im Reisblatt mit einem Salat von grünem Spargel. Bleistift gespitzt.

Von Ihrem Fischhändler lassen Sie sich am besten einen Fisch von rund 500 Gramm Gewicht filetieren. Häute und Gräten nehmen Sie mit, daraus wird der Fischfond und damit die Grundlage für die Sauce. Schalottenwürfel und kleingeschnippeltes Suppengrün mit etwas Weißwein und Wasser sowie Pfeffer und Knoblauch etwa 20 Minuten köcheln lassen. Nicht länger, sonst gibt's Tapetenleim. Sorgfältig durchsieben.

Den Spargel schälen, in Salzwasser eher knapp als zu weich garen, abkühlen lassen und schräg in Abschnitte schneiden. Tomaten überbrühen, häuten, entkernen, das Fruchtfleisch würfeln und mit dem Spargel vermischen. Eine Salatsauce aus Senf, Zitrone, Pfeffer, Salz, einem Schuss Wein und einen guten Olivenöl mischen und den Salat damit anmachen.

Die Limandesfilets werden in Reisblätter gewickelt, bei deren Verarbeitung man ein paar Hinweise beachten sollte. Sie brauchen für dieses Gericht die großen Blätter mit 15 bis 20 Zentirmeter Durchmesser. Die gibt es im Asien-Laden, wenn Sie die Dinger trocken lagern, halten sie fast ewig.

Die spröden, geschmacklosen Reisblätter müssen vor der Weiterverarbeitung eingeweicht werden. Dafür breite ich nasse Tücher auf dem Küchentisch aus, lege die Blätter drauf und decke sie mit nassen Tüchern zu. So weichen die Blätter gleichmäßig und rollen sich nicht. Nach etwa zehn Minuten sind sie weich und geschmeidig. Bereiten Sie lieber ein paar Blätter mehr zu als benötigt werden, denn es könnte mal eines beschädigt werden. Die Blätter mit Eiweiß bestreichen, die mit Salz und Pfeffer gewürzten Fischfilets in die Mitte plaziernen. Sie können ein paar Tomatenwürfel dazugeben, einen Basilikum- oder Petersilienzweig dazulegen. Spielerische Naturen modellieren mit Tomaten und Gewürzen ganze Blumensträuße auf den Fisch. Ob mit oder ohne Schmuck: Die Fischfilets einwickeln, die Ränder mit Eiweiß bepinseln und andrücken. Diese Päckchen werden in der Teflonpfanne in Butter von jeder Seite zwei Minuten gebraten.

Ist noch die Sauce fertigzustellen. Den Fischfond reduzieren, mit Curry, Zitronenschale und Basilikum würzen, mit einem kleinen Schuss Sahne verfeinern. Auf einem großen Teller den Spargelsalat anrichten. Das kross gebratene Reisblattpäckchen daneben plazieren und die Sauce angießen. Nicht über den Fisch geben, da die Reisblätter sonst augenblicklich weich würden. Dabei haben Sie die doch gerade mit Mühe knusprig bekommen.

Ein Schluck Weißwein kommt zu dieser herrlich leichten Kombination gerade recht, ich schlage Ihnen als Begleiter einen Sauvignon vor.

Zutaten (4 Personen):

500 g	grüner Spargel
4	Limandesfilets
4	Reisblätter
2	Tomaten
1	Schalotte
1	Suppengrün
	Weißwein
	Zitrone
	Knoblauch
	Öl
	Wein
	Senf
	Eiweiß
	Curry
	Basilikum
	Sahne
	Pfeffer, Salz

Ente

aus dem Backofen

Zutaten (4 Personen):

- 2 Enten
- Gemüse nach Wahl
- Äpfel
- Rosinen
- Portwein
- Crème fraiche
- Butter
- Pfeffer, Salz

Die gute alte Ente ist in den letzten Jahren zunehmend zum Teilelieferanten degradiert worden. Kaum ein Gourmet-Restaurant – oder eines, was sich dafür hält – ohne die Brust von der Barberie-Ente auf der Karte. Mehr oder weniger perfekt gebraten kam das edle Stück in Scheiben geschnitten und kunstvoll drapiert auf die Teller.

Doch das ist noch lange nicht die ganze Enten-Welt. Neben den Solo-Brüsten sollte der Feinschmecker die Ente im Ganzen gebraten nicht verschmähen.

Hier und heute geht es ausschließlich um den ganzen Vogel. Ist er knusprig braun gebraten, läuft einem schon beim Anblick das Wasser im Mund zusammen.

Doch bevor das soweit ist, müßten Sie sich erst einmal um eine oder zwei Enten kümmern. Die dürften pro Stück zwischen drei und vier Pfund wiegen; pro Nase liegen Sie mit einer halben Ente nicht schief.

Frisch geschlachtet sollten die Federviecher sein und nach Möglichkeit von einem Lieferanten kommen, dem Sie vertrauen. Die Idealente stammt vom Bauern und wurde mit natürlichem Futter aufgezogen. Hausverbot hat bei mir iefgefrorenes Geflügel.

Die Ente wird abgespült, innen wie außen gründlich abgetrocknet und mit Pfeffer und Salz gewürzt. Alle weiteren Zutaten wählen Sie nach Lust und Laune. Sie können das Tier füllen oder von extra gegarten Gemüsen oder Früchten begleiten lassen. So passen kräftig gewürzte Äpfel und Rosinen gut zu der Ente. Sie können den Bauch damit füllen und das Tier anschließend mit Haushaltsfaden zunähen.

Beim Studium vieler Entenrezepte ist mir aufgefallen, daß in der überwiegenden Zahl auf Gemüse verzichtet wird, dagegen Obst in allen Variationen gereicht wird.

Die Ente und die süßliche Komponente des Obstes scheinen gut zu harmonieren. Die Süße wird oftmals sogar noch durch eine Zuckerbeigabe verstärkt.

Wer partout kein Obst zum Fleisch mag: Auch Oliven, Wirsing und Teltower Rübchen sind hervorragende Enten-Begleiter.

Den Backofen auf 240 Grad vorheizen und die Ente mit der Brust nach unten in einen Bräter legen. Fingerhoch Wasser angießen und etwas in Würfel geschnittene Karotten und Lauch zugeben. Ab in den Ofen damit.

Die Hitze auf 200 Grad reduzieren und die Ente nach einer halben Stunde wenden. In der zweiten halben Stunde öfter begießen. Die Gesamtbratzeit dürfte bei 75 bis 90 Minuten liegen.

Die braune Ente aus dem Bratsud nehmen und im Ofen warmstellen. Den Bratfond gründlich entfetten und durch ein Sieb in eine Kasserolle oder Bratpfanne geben. Die Gemüse gut ausdrücken. Bei größter Hitze reduzieren. Mit dem Entenfond, so vorhanden, aufgießen, wieder einkochen.

Sie können Crème fraiche zugeben, etwas Portwein angießen oder/und die Sauce mit passendem Alkohol aromatisieren.

In einem Extratopf haben Sie inzwischen die Obst- oder Gemüsebeilage fertiggestellt, die Ente kommt tranchiert auf eine vorgewärmte Platte. Die Sauce bekommt den letzten Schliff durch Salz und Pfeffer sowie eingeschwenkte eiskalte Butter für die Bindung.

Kurz hinweisen möchte ich noch auf eine Zubereitungsart, die nur dann befriedigende Ergebnisse bringt, wenn die Ente absolute Spitzenqualität aufweist: Dazu wird die Ente wie beschrieben vorbereitet und in den heißen Ofen geschoben. Nach gut einer halben Stunde die Ente gut zehn Minuten ruhen lassen und dann die Brüste servieren. Das Fleisch ist noch deutlich rosa – das ist nicht jedermanns Sache. Der Rest kommt wieder in den Ofen und wird noch eine Viertelstunde nachgegart – dann sind auch die Schenkel fertig zum Verzehr.

Luftige Quark-Mousse

mit zartem Rhabarber

Zutaten (4Personen):

200 g	Quark
60 g	Zucker
0,1 l	Sahne
2	Eigelb
2	Eiweiß
1	Zitrone

Rhabarber:

500 g	Rharbarber
100 g	Zucker
0,1 l	Wasser
0,1 l	Orangensaft
2	Blatt Gelatine
1	Vanillestange
	Weizenpuder
	Minzeblättchen

Eine leichte Quarkmousse habe ich mit einem jungen Gemüse kombiniert, das so perfekt den jungen Frühling repräsentiert.

Zunächst einmal wende ich mich der Quark-Mousse zu. Die Eier werden getrennt, das Eiweiß mit etwas Zucker steif geschlagen. Von der Sahne nehme ich zwei, drei Esslöffel ab und schlage den Rest schön steif. Von der unbehandelten Zitrone die Schale abreiben, den Saft auspressen.

Den Quark mit den beiden Eigelb, dem Zucker, dem Saft und der Schale der Zitrone gründlich verrühren. Die Gelatine einweichen, ausdrücken und anschließend in der warmen Sahne auflösen. Unter die Masse ziehen. Nacheinander die steifgeschlagene Sahne und ganz zum Schluß das Eiweiß unterheben. Die Quark-Mousse in einen mit einem Geschirrtuch ausgeschlagenen Durchschlag füllen und zum Abtropfen in eine Schüssel stellen. Im Kühlschrank fest werden lassen.

Fest heißt in diesem Fall nicht wie Beton, sondern luftig, locker und leicht. Zum Servieren stechen Sie später mit einem in heißes Wasser getauchten Esslöffel Nocken ab. Die Hauptsache fehlt allerdings noch, der Rhabarber. Der ist noch jung und klein, somit hatten die äußeren Häute noch gar keine Gelegenheit, sich hart und holzig zu entwickeln. Ganz ohne Schälmesser werden Sie zwar nicht auskommen, aber diese Arbeit ist schnell gemacht. Die Stangen schräg in fünf, sechs Zentimeter lange Abschnitte teilen.

Und sei der Rhabarber auch noch so jung – gegart werden muß er in jedem Fall. Das geschieht am besten in Läuterzucker. Dafür kochen Sie 0,1 l Wasser mit 100 g Zucker auf, geben eine aufgeschlitzte Vanillestange und den Orangensaft zu. Diese Mischung aufkochen und den Rhabarber darin ein, zwei Minuten garen. Der darf auf keinen Fall zu Matsch verkochen, und das geht schneller, als einem lieb ist. Also: Vorsicht heißt die Mutter der Porzellanküche. Die Rhabarberstückchen sofort eiskalt abschrecken und gut abtropfen lassen.

Den Kochsud kräftig reduzieren, durch ein Sieb geben und mit etwas Weizenpuder oder Maizena ganz leicht binden. Die Quarknocken in der Mitte eines tiefen Tellers anrichten, mit den Rhabarberstücken umlegen und mit etwas Sauce umgießen. Mit Minzeblättern garnieren, ihr Geschmack paßt perfekt zum Rhabarber.

Weihnachten

Mousse von Räucherlachs

Zutaten (8 Personen):

200 g	Räucherlachs
0,1 l	Fischfond
0,2 l	Schlagsahne
20 g	Butter
2	Blatt Gelatine
	Zitronensaft
	Cayenne
	Pfeffer, Salz

Jedes Jahr ist es in vielen Familien das gleiche Theater: Vater und die eventuell vorhandenen Kinder machen es sich mit den lieben Verwandten Weihnachten unter dem Tannenbaum bequem, schlürfen Sekt, futtern Kekse – und die Hausfrau schuftet in der Küche.

Schluß mit dem Kochterror zum Fest! Dieses Weichnachtsmenü ist so »konstruiert«, daß auch die Köchin, der Koch am gemütlichen Beisammensein teilnehmen können. Und trotzdem gibt es durchaus feine Küche. Wie? Ich habe Speisen ausgewählt, die sich schon am Vortag vorbereiten lassen und die am Feiertag nur noch den letzten Schliff bekommen.

Los geht's mit einer luftiglockeren Vorspeise aus einem der beliebtesten Fische der Weihnachtszeit. Doch Räucherlachs verarbeite ich einmal nicht mit Rösti oder weißen Saucen, sondern zu einer Mousse. Bei diesen wenigen Zutaten versteht sich von selbst, daß der Lachs von bester Qualität sein sollte. Beim Fischfond geht nichts übers Selbstmachen (aber bitte nicht von Lachsabschitten, sondern nur von Gräten und Häuten von weißen Fischen). Doch ein Glas Fischfond ist ein in Streßzeiten »erlaubter« Ersatz.

Den Lachs grob würfeln, den Fischfond mit der Hälfte der Schlagsahne aufkochen und auf die Hälfte der Ausgangsmenge reduzieren. Die eingeweichte und ausgedrückte Gelatine in der noch warmen Fisch-Sahne-Sauce auflösen. Im Mixer oder mit dem Schneidstab fein pürieren. Mit Zitronensaft, Salz, frisch gemahlenem Pfeffer und einer Spur Cayenne abschmecken. Wenn die Mousse schon etwas abgekühlt ist, aber noch nicht angezogen hat, die restliche Sahnemenge schön steif geschlagen vorsichtig unterheben. Perfektionisten streichen die Masse noch durch ein Sieb, bevor sie sie in eine Schüssel füllen und im Kühlschrank fest werden lassen. Achten Sie bitte darauf, daß die Räucherlachsmousse mit Frischhaltefolie abgedeckt ist, da die feine Creme leicht andere Aromen annimmt.

Zu der Räucherlachsmousse gibt es winterliche Blattsalate mit einer Vinaigrette aus bestem Essig, Traubenkernöl und einem Schuß Walnuß- oder Mandelöl. Salz, Pfeffer und eine Messerspitze Senf nicht zu vergessen. Die Blattsalate können Sie auch schon am Vortag putzen und in mundgerechte Bissen schneiden, ausschleudern, in Folie packen und kühl stellen. Ja selbst die Vinaigrette läßt sich vorbereiten.

Zum Festmenü nehmen Sie die Lachsmousse eine halbe Stunde vor dem Servieren aus der Kühlung. Der Rest geht dann innerhalb von ein paar Sekunden. Den Salat mit dem noch einmal aufgeschlagenen Dressing übergießen und gründlich vermischen. Den Salat auf der einen Hälfte eines Esstellers anrichten. Mit einem in heißes Wasser getauchten Esslöffel aus der Mousse Nocken abstechen und neben dem Salat anrichten.

Wenn Sie dann die Teller auftragen, werden die Gäste nicht nur wegen der Vorspeise zum Lutschen staunen. »Ja, du warst doch eben noch hier?!?« könnte eine verblüffte Frage lauten. Sie lächeln nur wissend und freuen sich schon, daß es mit dem Hauptgang fast genauso schnell gehen wird. Gute Vorbereitung ist eben alles.

Klare Ochsenschwanzsuppe

So ein wärmendes Süppchen nach einem Spaziergang in der Kälte – das ist auch am Weichnachtstag nicht zu verachten. Eine klare Ochsenschwanzsuppe paßt ins Festtagsmenü, z. B. nach einem feinen Salat und vor dem Braten, schmeckt aber natürlich auch solo.

Die Hauptperson für diesen Klassiker ist – wer hätte das gedacht – ein Ochsenschwanz. Das ist ein ganz wunderbares Teil vom Rind, hat es doch ein unverwechselbar kräftiges Aroma und eine prima Gelierfähigkeit.

Zuerst wird die Butter geklärt, wenn Sie nicht ohnehin Butterfett im Hause haben. Sinn der Übung: Geklärte Butter verbrennt bei stärkerer Erhitzung nicht. Darin werden die vom Schlachter zerteilten Ochsenschwanzstücke sachte angebraten. Vollgas würde nur zu Verbrennungen führen. Das Fleisch soll ringsum eine tiefbraune Farbe annehmen. Oh, wie das riecht, wie wird da erst die Suppe schmecken!

Die Gemüse putzen und in Würfel von etwa einem Zentimeter Kantenlänge schneiden. Die Knoblauchzehe pellen und leicht andrücken. Gemüse und Knoblauch kommen mit zu den Ochsenschwanzstücken und sollen ebenfalls langsam Farbe bekommen.

Mit Wasser und Wein ablöschen, Tomaten, Pfefferkörner und Thymianzweige zufügen. Die Hitze so regulieren, daß die Suppe bei geschlossenem Topf leicht vor sich hin kocht. Das soll sie rund drei Stunden lang tun. Zeit genug, sich um die anderen Gänge des Weihnachtsmenüs zu kümmern und sich zwischendurch ein Gläschen Sherry zu gönnen – schließlich will die Köchin, der Koch doch wissen, was er oder sie an die Suppe schüttet.

Von Zeit zu Zeit die Suppe abschäumen und bestmöglich entfetten. Da Fett bekanntlich oben schwimmt und es sich vorzugsweise am Topfrand sammelt, ist das gar nicht schwer, wenn man mit einer Schöpfkelle sehr vorsichtig zu Werke geht.

Am Ende der Kochzeit die Ochsenschwanzstücke herausnehmen und die Suppe zunächst durch ein Spitzsieb und anschließend durch ein Tuch passieren. So werden auch die letzten Schwebeteilchen und Verunreinigungen ausgefiltert. Schließlich sieht eine klare Suppe im Teller besonders schön aus.

Das Fleisch von den Knöchelchen und Knorpeln des Ochsenschwanzes lösen, sauber parieren und als Einlage für die Suppe fein würfeln. Den Sherry in die Suppe geben, mit Salz und eventuell noch etwas frisch gemahlenem Pfeffer würzen und dann in vorgewärmten Tellern oder Tassen servieren. Dazu sollten Sie einmal einen trockenen Sherry probieren.

Zutaten (4 Personen):

70 g	Butter
500 g	Ochsenschwanz
0,25 l	trockener Weißwein
0,5 l	Wasser
1/4	Sellerieknolle
10	weiße Pfefferkörner
2-3	Tomaten
2	Karotten
2	Thymianzweige
1	Zwiebel
1	Knoblauchzehe
2 cl	trockenen Sherry
	Pfeffer, Salz

Leichtes Rehragout

Zutaten (8 Personen):

1	Rehkeule um 2 kg
500 g	rosa Champignons
250 g	Mehl
1 Fl	kräftiger Rotwein
(0,25 l	Wildfond)
4	Eier
3	Nelken
2	Zwiebeln
	Butter
	Weizenpuder
2	Lorbeerblätter
1	Bund Suppengrün
	Traubenkernöl
	Zitrone
	Piment
	Wacholderbeeren
	schwarze Pfeffer-
	körner
	Salz

Wo der Weihnachtsmann auftaucht, da sind gar possierliche Vierbeiner nicht weit. Etwa Rudolf, das Rentier mit dem rotgefrorenen Näschen, das den Schlitten durch den tief verschneiten Tann zieht. Oder das Bambi, das den Herrn über alle gutgefüllten Säcke springlebendig begleitet.

Vom Bambi bis zum Reh ist es gedanklich nur ein Katzensprung. Und was liegt da näher, als zu Weihnachten ein Stück Wild auf den Tisch zu bringen. Doch auch beim Hauptgericht soll es für Köchin oder Koch möglichst stressfrei zugehen, so fallen edle Teile, wie ein rosa gebratener Rücken, schon aus Pietätsgründen aus.

Das Rehragout läßt sich bestens vorbereiten, selbst die Spätzle werden schon fast fertiggestellt, bevor die Gäste eintrudeln.

Das leichte, bekömmliche Rehragout bereite ich übrigens in einer Portion zu, die bequem auch für acht Personen reicht. Nach meiner Ansicht gelingen Schmorgerichte in größeren Mengen einfach besser als in Miniportionen. Und wenn etwas übrigbleibt, dann schmeckt es auch aufgewärmt oder in ein paar Wochen als schnelles Essen aus dem Tiefkühlschrank.

Die Hauptrolle spielt Bambi – Entschuldigung, die Rehkeule. Die lassen Sie sich beim Wildhändler gleich entbeinen, das heißt, er löst die Knochen aus. Und wenn Sie ihn ganz freundlich drum bitten, sägt er Ihnen das Gebein bestimmt in handliche Stücke.

Die brauchen Sie für einen kräftigen Wildfond. Dafür werden Suppengrün und Zwiebeln geputzt und gewürfelt. Von der Keule alles abschnippeln, was später nicht auf den Teller gehört. Knochen und Parüren – das sind die Abschnitte – kräftig anbraten. Das Röstgemüse zufügen und auch Farbe annehmen lassen. Mit einer halben Flasche kräftigem Rotwein (z. B. Cótes du Rhónes) und einem Liter Wasser auffüllen und aufkochen. Sorgfältig abschäumen und die Gewürze zufügen. Zwei Stunden leicht köcheln lassen, durch ein Sieb und anschließend durch ein Seihtuch geben. An der frischen Luft abkühlen lassen, entfetten – fertig ist der schönste Fond. Bequemere Naturen oder Feststressgeplagte greifen zum Wildfond aus dem Glas.

Die schiere Keule wird nun in reelle Brocken zersäbelt, die sollten so groß sein, daß sie vor dem Verspeisen noch einmal durchgeschnitten werden müssen. Diese werden dann mit Pfeffer und Salz gewürzt, in Butterschmalz oder in der bewährten Mischung aus Butter und Traubenkernöl angebraten. Das Anbratfett weggießen, so muß später nicht so viel entfettet werden. Anschließend mit dem Wildfond und dem Rest aus der Rotweinbuddel (falls die nicht beim Kochen aus unerfindlichen Gründen leer geworden ist) ablöschen. Deckel auf den Schmortopf, ab in den auf 160 Grad (bei mancher Krücke vielleicht auch 180 Grad) vorgeheizten Ofen damit. Vor dem Servieren wird noch einmal sorgfältig entfettet, die Sauce eventuell etwas reduziert und schließlich mit etwas Weizenpuder leicht gebunden.

Als Beilagen reiche ich frischgebratene rosa Champginons und hausgemachte Spätzle. Der Nudelteig (Schwaben, verzeiht mir!!!) entsteht aus Eiern, Mehl und einem gerstrichenen Teelöffel Salz. Ausgebuffte Spätzle-Freaks schaben ihn vom Brett ins kochende Wasser, auf Nummer Sicher geht es mit der Spätzlepresse. Damit wird der Teig ins Wasser gepreßt; steigen die Teigwürmchen an die Oberfläche, sind sie gar. Abschrecken und abtropfen lassen, erst kurz vor dem Servieren leicht in Butter braten.

Die Pilze werden geputzt und geviertelt, in wenig Fett kräftig gebraten. Ein sicheres Indiz für die richtige Fettmenge ist, daß der Pfanneninhalt beim Umrühren quietscht. Salz und Pfeffer sowie einen Spritzer Zitrone nicht vergessen. Das leichte Ragout, Nudeln und Champignons in vorgewärmten Schüsseln servieren.

Bei solch einem Festessen muß natürlich auch ein festlicher Wein auf den Tisch. Meine Vorschlagsliste ist unvollständig, nennt jedoch ein paar angenehme Begleiter: Badischer Spätburgunder, ein Graves oder Médoc, wenn es ein Bordeaux sein soll, Barbaresco aus Italien wäre auch ein feiner Wildbegleiter, und Toskana-Fans sind mit einem Chianti gut bedient – ein Riserva sollte es dann allerdings schon sein.

Cremiges Vanilleparfait

mit einer Orangensauce

Zutaten (8 Personen):

400 g	Schlagsahne
150 g	Zucker
8	Orangen
4	Eier
1	Vanillestange
	Mondamin
	Orangenlikör

Heute präsentiere ich Ihnen einen Nachtisch fürs Weihnachtsmenü. Für viele Menschen hängt gerade vom süßen Abschluß ab, ob ein Essen gelungen war oder nicht. Ich habe deshalb ein Dessert gewählt, das erfahrungsgemäß sehr vielen Menschen schmeckt: Ein Vanille-Parfait mit einer Orangensauce.

Die Eigelbe werden zunächst schaumig geschlagen. In einem Topf 50 g Zucker mit etwas Wasser und dem ausgekratzten Mark einer Vanillenstange aufkochen und zu einem dicklichen Sirup einkochen. Mit dem Eigelb vermischen, auf kleiner Flamme zu sämiger Konsistenz (wie ein Sabayon) aufschlagen und abkühlen lassen. Ein Eiweiß und die Sahne steif schlagen.

Zuerst die Schlagsahne vorsichtig unter die Eimasse heben, anschließend das Eiweiß. Das Eiweiß macht das Parfait luftiger und leichter – nach einem üppigen Weihnachtsessen vielleicht nicht der schlechteste Tip. Das Parfait füllen Sie nun in eine runde oder eckige Form und frieren es gut durch.

Inzwischen ist die Sauce dran. Zwei Orangen werden ausgepreßt, zwei filetiert. Dabei auch den Saft auffangen. Das Filetieren gelingt am besten, wenn die Apfelsinen zunächst komplett geschält werden. Danach soll Sie nur noch nacktes, feuchtglänzendes Fruchtfleisch anlachen. Nun mit einem scharfen Messer an den feinen Trennhäutchen entlang zur Mitte schneiden. Dort wird das Messer gekippt und – immer an der Haut entlang – wieder nach außen geführt. Und schon liegt das erste Orangenfilet in der Schüssel.

Den Orangensaft mit 20 g Zucker aufkochen, mit etwas Mondamin leicht binden und mit einem Schluck Orangenlikör (Grand Marnier) aromatisieren – aber bitte nur, wenn keine Kinder oder Alkoholkranke mit am Tisch sitzen. Die Orangenfilets ein paar Sekunden mit erwärmen. Sauce und Filet auf kalte, flache Teller gießen.

Das Parfait nehmen Sie jetzt aus dem Gefrierschrank und lassen es etwa zehn Minuten lang antauen. Inzwischen ist die Sauce nur noch lauwarm – und so soll sie auch sein. Mitten auf diesen Saucenspiegel kommt eine Scheibe Vanilleparfait, die Orangenfilets werden um diese kalte Köstlichkeit herumdrappiert.

Ich wünsche Ihnen gutes Gelingen sowie Ihnen und Ihren Gästen einen guten Appetit.

Index